깨달음이
뭐라고

OSHIETE, OBOSAN! 「SATORI」 TTE NANDESUKA
©Yoko Koide 2016

First published in Japan in 2016 by KADOKAWA CORPORATION, Tokyo.
Korean translation rights arranged with KADOKAWA CORPORATION, Tokyo
through Danny Hong Agency.
Korean translation copyright © 2020 by Bulkwang Media Co.

깨달음이
뭐라고

정현옥 옮김

고이데 요코 지음

불광출판사

여러분, 안녕하세요? 고이데 요코입니다. 저는 스님이 아닙니다. 속세에 찌든 불교 마니아라고 할까요. 특별히 어떤 종파에 소속돼 있지도 않습니다. 그때그때 연이 닿으면 울다가, 웃다가, 가끔은 진지하게 불자의 길을 걷고 있습니다. 하지만 스스로 불교 팬을 자처할 만큼 불교를 사랑합니다. 불교 미술이 계기였죠. 정확하게는 불상이었습니다. 어느 날 마주친 사진 속 불상의 매력에 옴짝달싹하지 못할 정도로 빠져들었습니다. 아름다우면서도 괴기스러운, 그러나 절대로 눈을 떼지 못할⋯⋯. '대체 이게 뭐지?' 하는 그런 느낌이었습니다. 그날 이후 불상을 찾아 일본 전국 방방곡곡의 크고 작은 절들을 찾아다녔습니다. 처음에는 불상 자체의 모양을 감상하면서 희열을 느꼈지만, 점차 그것만으로는 만족하지 못하게 되었습니다. 눈앞에 보이는 불상의 모양이 무엇을 표현하는가에 관심이 쏠리기 시작했죠.

불상은 부처님 동상이잖아?
그럼 부처님은 대체 누구지?
무얼 말하는 걸까?

그런 의문이 구체적인 언어로 나타나기 시작한 순간, 줄곧 안개처럼 무의식 속에서만 맴돌던 뜨거운 생각이 마음속에 커다란 파장을 일으키고 있음을 깨달았습니다. 불교에는 내가 추구하던 '무언가'가 틀림없이 있을 거야! 단순한 호기심을 넘어선 확신이 들었습니다. 열정적인 불교 팬 고이데 요코는 이렇게 탄생했습니다.

저는 찾고자 하는 그 '무언가'를 만나기 위해 불교 서적을 열심히 뒤지고, 스님이나 학자들의 이야기를 들으러 가고, 좌선을 해 보기도 하고, 염불도 하고…… 여러 해 동안 나름대로 온갖 방법을 동원했습니다. 그러는 사이 문득, 불교 한가운데에는 아무래도 '깨달음'이란 단어로 표현되는 세계가 있나 보다 하는 직감이 들기 시작했습니다.

갑작스럽지만, 여러분은 깨달음이라는 말을 들으면 어떤 이미지가 떠오르나요? 혹독한 수행을 거듭한 스님만 도달할 수 있는 특별한 경지? 나와는 아무 관계가 없는 완전히 딴 세상? 스님이 아니고서야 평범하게 살아가는 사람들에게는 보통 이런 이미지가 떠오를 것 같은데요. 솔직히 저도 오랜 기간 같은 생각을 했습니다. 하지만 이런저런 인연을 만나다 보니 점점 의식하게 되더군요. '깨달음이란 절대로 먼 나라 얘기가 아니구나! 지금, 이곳에 살고 있는 내 이야기였어!'

실제로 깨달음이라는 단어로 표현되는 세계를 나름대로

이해하려고 하나씩 하나씩 마음에 저장할 때마다 삶에 대해 넓고 깊은 시각을 가질 수 있게 되었습니다. 심각하지는 않되 진지하게 말이죠. 그리고 언제부터인가 이런 확신이 들었습니다. 깨달음을 얻는 일은 진정 삶의 일부이구나!

그렇다면 이쪽 방면에서 전문가인 스님을 직접 만나 이야기 들어보는 게 제일 빠른 길이겠죠. 하지만 아무 연고도 없는 일개 불교 팬이 어떻게 동경해 마지않는 스님들의 이야기를 들을 수 있을까요? 그런 고민에 빠져 있던 제게 뜻밖의 일로 감사한 인연이 찾아왔습니다. 인터넷 안에서만 존재하는 가상의 절 히간지(彼岸寺, www.higan.net)에 글을 연재할 수 있게 된 겁니다. 기꺼이 하겠노라고 받아든 연재물의 타이틀은 이름하여 〈열려라! 깨달음이여!〉. 이 지면을 통해서 저는 내로라하는 스님들께 돌직구를 던졌습니다.

스님, 가르쳐 주세요!
깨달음이 대체 뭐예요?

스님들은 때로는 부드럽게, 때로는 엄격하게, 차근차근 자세히 자신만의 답을 들려주었습니다. 저는 스님들이 진정성을 갖고 답해 준 기록을 그대로 기사로 올렸습니다. 결과는? 매회 기대 이상의 감격스러운 반응을 얻었습니다. 감사함이 하늘을 찌릅니다.

모두 여섯 회에 걸쳐 〈열려라! 깨달음이여!〉를 주제로 스님들과 인터뷰한 내용을 한 권의 책으로 정리한 결과물이 바로 이 책입니다. 감히 범접하기 힘들었던 여섯 스님의 이야기를 통해서 여러분도 각자 깨달음이란 단어로 표현되는 세계를 향한 힌트를 찾아내길 바랍니다. 그것이 제게도 큰 행복일 겁니다.

알 것 같으면서도 의외로 모르는, 먼 곳의 이야기 같으면서도 실은 우리 바로 옆에 있는, 그런 매혹적인 깨달음 월드! 자, 함께 모험을 떠나 볼까요?

깨달음은

절대로

먼 세상의

이야기가 아니다.

지금,

이곳에 살고 있는,

나에 관한 이야기!

일러두기

○   불교의 궁극적인 진리를 깨달은 이를 통칭할 때는 '부처'로, 고유 명사로 쓰일 때는
    '부처님'으로 적었습니다(예: 석가모니 부처님).

○   일본 불교 대표 종파명은 한자어 표기법에 따라, 세부 종파명은 일본어 발음대로
    적었습니다(예: 임제종 혼간지파).

○   일본 지명, 인명 등은 일본어 발음대로 적되 본문과 주석에 원어를 함께 적었습니다.

○   본문에서 언급되는 책, 영화 등은 국내에 소개된 경우 우리말 제목을 실었습니다.
    국내에 소개되지 않은 것은 옮긴 이의 번역에 따라 적은 뒤 원제를 함께 적었습니다.

○   역자 주는 본문에, 원서의 주석 및 편집 과정에서 추가된 내용은 각 장의 끝에 실었습니다.

○   경전 및 단행본은 《 》, 영화나 잡지, 만화, 프로그램 명칭 등은 〈 〉로 묶었습니다.

차례

제 1 장

하나로 연결된
세상 즐기기

후지타 잇쇼

藤田一照

조동종(曹洞宗) 국제센터 소장. 1954년 에히메현(愛媛県)에서 태어났다. 나다고등학교(灘高校)를 졸업 후 도쿄대학교 교육학부 교육심리학과를 거쳐 대학원에서 발달심리학을 전공했다. 대학원생 시절에 좌선을 만나 깊이 빠져들었다. 28세에 박사과정을 중퇴하고 선도장에 입산, 29세에 득도했다. 33세에 미국으로 건너가 17년 반 동안 매사추세츠 샤르몽에 있는 밸리 선당(Valley Zendo)에서 좌선을 지도했다. 2005년 귀국해 현재 가나가와에 있는 지잔소(茅山荘)를 중심으로 좌선 연구 및 지도에 힘쓰고 있다. 저서로《현대 좌선 강의-지관타좌의 길(現代坐戦講義-只管打坐への道)》,《업데이트하는 불교(アップデートする 仏教)》(공저) 등이 있다.

공식 사이트_ fujitaissho.info

방향만 바로 잡으면
일상이 모두 불교적인 삶

고이데 스님이 낸 책도 읽고 인생학교(불교적 인생학과 잇쇼 연구실)에서 보조업무도 보면서 감동하는 순간이 많았습니다. '불교란 이런 거구나!' 하고요. 덕분에 제가 거듭날 수 있었던 것 같아요. 스님은 불교가 저 멀리 손에 닿지 않는 곳에 있는 파랑새가 아니라고 하셨잖아요. 일상과 늘 함께하는 지혜라고요. 그 점이 굉장히 와닿았어요. '불교의 중심이 원래는 내 삶에 늘 따라다니는 거였어?' 하고 새삼 마음에 아로새길 수 있었습니다.

후지타 뜬금없이 들리겠지만, 불교가 일상보다 포괄적입니다. 집합 관계 같은 것을 설명할 때 흔히 벤다이어그램을 사용하잖아요? 그것에 비유하면, 일상 속에서 무엇을 하건 모두 불교의 교리 안에 들어 있는 부분집합이라고 생각하면 됩니다. 불교, 불도(佛道)는 모든 삶을 아우릅니다. 저는 그렇게 생각해요. 아니면 완전히 겹친다고 해도 좋고요. 무언가 특별하거나 일상에서 벗어난 수행 같은 걸 하지 않으면 불교가 아니라고 생각하는 사람이 있는데, 선(禪)의 경우에는 그렇지 않아요. 불교는 마음을 어디에 두느냐가 중요하니까요. 마음이 이끄는 방향이랄까, 그 길을 따라 걷다 보면 일상이건 무엇이건 불교에 접근하게 됩니다. 살아가는 목적에 방식을 맞춘다고도 할 수 있어요. 그 방식이 불교와 제대로 맞닿아 있다면 걷고 있는 길이 모두 불교적인 삶이 될 수 있습니다. 행동이나 말, 생각은 모두 불교적인 삶이며, 그 길을 따라 사는 사람은 결코 불교와 떨어져 있지 않다는 의미죠. 아주 특별한 경지에 도달해야 불교라느니, 불교와 불교가 아닌 것으로 나뉜다느니 하지만, 글쎄요. 그게 답일까요? 어째서 일상과 불교가 별개의 카테고리로 나뉘는지, 그런 발상 자체가 제게는 의문입니다.

고이데 상식적으로 불교란 일상과 동떨어진 카테고리 안에 들어간다는 이미지가 있긴 해요. 저도 그렇게 생각했으니까요. 불교를 공공연한 도피처로 여겼지 뭐예요. '삶이 내 뜻대로 되지 않아. 어쩌지? 그래, 절에나 가 보자! 절에 숨어 버리면 돼!' 이런 식이었죠. 절에 가거나 그 공간에 있으면 고된 삶에서 보호받을 수 있다고 믿었어요. 뭐, 제가 신세 졌던 절들은 유명한 관광 사찰뿐이었지만요. 저는 불상과 마주하거나 넋 놓고 정원을 바라보다가도 무언가 진정한 게 있다고 직감적으로 번뜩일 때가 있어서 그렇게 뻔질나게 절을 드나들었어요. 그래도 어디까지나 일상에서 벗어났다는 생각이었습니다.

후지타   그런 생각이 충분히 출발점이 될 수 있어요. 흠, 그게 유일한 방법일지도 모르겠네요. 불교적인 요소가 전혀 없는 곳에서 시작한다고 볼 때는 말이죠. 그냥 평범하게 살다가 어느 날 거미줄 같은 실이 스윽 내려와서 '저 위에는 무언가가 있을지도 몰라. 한번 가 볼까' 하는 생각이 드는 거죠. 그런데 언젠가는 한계에 부딪히는 지점이랄까, 시기가 옵니다.

고이데   말 그대로 한계지점이겠네요.

후지타   제풀에 나가떨어져요. 내 안에 불교적으로 사는 시간과 그렇지 않은 시간이 각각 별개의 방으로 나뉘어 있고, 불교라는 팻말이 붙은 방에 들어갈 때만 불교이고 그 방에서 나오면 불교와 무관한 삶을 산다고 하면 얼마나 불편하겠어요. 불교라는 방에 있을 때 마음이 편하다면 왜 굳이 편안함을 뒤로하고 그 방을 떠나야 하는지, 다른 방에 들어가도 똑같은 편안함을 느낀다면 그게 왜 나쁜지 하는 의문도 들고요. 또 방이 바뀌어도 일관되게 편안함을 느끼고 싶다는 순수한 염원이 나타나기도 합니다. 그 염원을 점점 확장하면, 일본식 집에 비유하면 미닫이문을 하나하나 발로 차 버리다 보니 '뭐야, 결국 담장 같은 건 어디에도 없었잖아'라는 결론에 도달하게 되는 겁니다. '나 혼자 착각했을 뿐이구나' 하고

요. 담장을 허물어 버렸더니 결국 모두 한곳이었던 거죠. 앞이 뻥
뚫린 느낌이랄까요. 칸막이를 조금씩 제거했더니 마지막에는 어
디로 가든 같은 공기가 흐르고 있더라는, 그런 허망함이랄까요.

고이데   삶의 자세를 일관되게 유지하면 일상이 바로 불교가 된다
는 말씀이군요. 그 자세라는 게 도대체 뭘까요? 칸막이를 제거해
간다는 스님 말씀과도 관계가 있다고 생각하는데요. '연결'이란
걸 일종의 키워드로 생각할 수 있지 않을까요? 스님은 불도를 걸
으려면 우선 '연결되기 위한 비전'을 가져야 한다고 여러 곳에서
말씀하셨는데요. 연결이란 것은 말하자면 주인과 손님으로 구분
되어 있지 않은 세계, 나와 타인, 혹은 나와 세계가 나뉘지 않은 세
상이 아닐까 싶어요. 그런 세상이야말로 리얼이구나. 우선 그런
비전을 세운 다음에 그 비전을 실현해야겠다는 마음이 들더라고
요. 실제로 연결되어 살아가는 삶이야말로 불도의 중심을 걷는 일
이 아닐까요? 스님 말씀을 듣고 그런 생각이 들었습니다.

후지타   그렇네요. 관계 말이죠.

고이데   현실 세계(차안, 此岸)에서 갖는 비전과 극락(피안, 彼岸)에서
의 비전이라는 말도 자주 사용하잖아요. 현실 세계는 '분리·분단'

을, 극락은 '연결'을 나타내는 은유로요.

후지타 현실과 극락이라, 글쎄요. 그 경계를 넘나드는 뗏목이란 게 교의 혹은 수행으로 비유되기도 하죠. 이건 불교를 제일 소박하고 단순하게 표현했을 때 얘깁니다. 평소에 우리는 현실 세계에 있지만 사실 저쪽 세상에도 또 하나의 벼랑이 있다. 그 벼랑을 건너려면 이렇게 해야 한다고 말하는 게 불교잖아요. 열심히 수행을 거듭해서 득도하면, 현실이건 사후이건 이어져 있음을 깨닫는 시기가 오고 은유 자체가 무의미해지기는 합니다. 당장에 현실과 극락의 차이를 설명하기에는 그럴듯한 비유라고 할 수 있겠죠.

> 행(行),
> 본래 이어져 있음을 재발견하는 과정

고이데 이 비유를 적용하면, '연결'이라는 단어 하나만 하더라도 현실 세계에서 살아가는 우리는 조각조각 흩어진 개인을 억지로 끌어 붙이려는 것 같단 말이죠. 그런데 극락에서 살아가는 사람들은 한결같이 고유하고 본질적인 연결을 볼 수 있다고 할까요. 이들 눈에는 하나로 이어진 세상, 즉 주인과 손님, 나와 타인으로 구분되지 않은 세계가 보이나 봅니다.

후지타 원래 이어져 있던 것을 재발견한다고 생각하면 돼요. 그것이 극락정토의 가치거든요. 본디 하나로 이어졌는데 굳이 인간의 자의식이 구분 선을 그어 버린 겁니다. 불교에서는 그러지 말자고 말하죠. 그런데 우리가 이미 구분 짓기를 당연하다고 인식해 버린지라 멈추기가 여간 어려운 일이 아니에요.

고이데 스님 말씀처럼 간단한 일은 아닐 거예요. 하지만 우리가 현세에 일어나는 일밖에 모른다고 해도, 진정 우리가 사는 세계가 전부일까 하는 의문 같은 걸 어렴풋이나마 품는 사람에게는 불교에서 전하는 메시지가 어떻게든 전달되지 않을까 싶은데요.

후지타 강 건너 세상에 관심을 둔다고 할까요. 극락의 존재에 무언가 의구심이 든다면, 남은 건 지금까지 자신이 생각 없이 하던 말이 경계를 짓는지 반대로 연결을 회복하는지, 자신이 해 온 일이 연결 관계를 회복하는 데 공헌하는지 아니면 경계를 더욱 선명하게 하는지, 스스로 이런 질문들을 던져 가며 재발견하는 일일 겁니다. 그러다가 연결 쪽으로 방향을 틀고 싶다는 염원이 자기 안에서 피어오르면, 몸과 말과 마음으로 짓는 모든 행위를 가능한 연결 쪽으로 바꾸어 보는 거죠. 그 안에서 무슨 일이 일어나는지 들여다보는 것이 불교에서 말하는 행(行)입니다.

고이데 그 안에서 무슨 일이 일어나는지 지켜보자는 제안이랄까요. 그게 바로 불교의 매력인 것 같아요. 실험적이라는 느낌도 나고요. '자, 해 볼까' 하고 모든 것을 포용하면서 으쌰으쌰 하자는 느낌이 들거든요.

후지타 불교에는 무슨 일이 일어날지 일단 해 보고 결과를 겸허히 받아들이자는 정신이 들어 있기는 해요. 지금까지 분리·분단이라는 비전으로 살아온 사람으로서는 미지의 세계에 도전하는 거니까, 가능한 일과 불가능한 일이 생길 수밖에 없어요. 할 수 있는 일도 물론 있겠죠. 하지만 사람의 힘으로 해결하지 못하는 일은 결국 신의 뜻에 맡길 수밖에 없습니다. 무작정 연결고리를 만들려고 하거나, 이어져 있지 않으면 안 된다고 어깨에 힘이 들어가 버리면 그게 바로 분단으로 치닫는 거죠.

고이데 〈Buddhist-현재를 살아가는 사람들〉[01]이라는 영화에서도 스님이 말씀하셨더군요. "바꿀 수 있으면 바꾸려고 힘쓰고, 바꾸지 못하면 받아들이려고 힘써야" 한다고요.

후지타 저는 그게 중요하다고 생각합니다.

인간은 분리되어 있다는
꿈속에 살고 있다

고이데 연결과 관련된 비전을 향해 살아가는 것. 그 점에 관해 조금 더 자세하게 말씀해 주시겠어요?

후지타 아까도 말했지만 '혹시 분리된 것보다 연결된 게 좋지 않을까?' 하는 문제의식을 먼저 갖고 있어야 할 것 같습니다. 자신이 행하고 이룩한 일이 모두 분리를 초래하는 것 같기는 한데, 연결이 된다면 뭔가 다르지 않을까 하는 의문을 품는 거죠. 그런 감정을 위화감이라 해도 좋습니다. 하나로 이어져 살아가고 싶다는 염원이 그런 감정에서 출발하는 거니까요. 그런 문제의식을 기반으로 말이나 행동, 생각을 모두 뒤집어 봐야 합니다. 그러면 차츰 보이기 시작할 거예요. '뭐야, 원래부터 이어져 있었잖아. 물 위의 백조처럼 죽을힘을 다해 발버둥 치며 연결고리를 찾을 필요가 없었던 거야' 하고요. 애초에 연결되어 있었는데 그걸 끊으려고 아등바등했으니 괴로웠다는 사실을 점점 알게 됩니다. 진정한 연결고리가 점점 선명해지는 거죠. 그러면 더 힘쓰지 않아도 자연스레 연결고리를 즐기며 살아갈 수 있게 돼요. 저 역시 그렇게 살자는 주의인지라, 충분히 즐기고 있습니다(웃음).

고이데   그렇군요. 스님이 연결을 즐기며 사시니까 말씀하실 때도 강한 에너지가 전해졌던 건가 봐요.

후지타   연결되어 있어야 재밌잖아요. 어차피 한 번뿐인 삶인데 될 수 있으면 즐기면서 살아야죠(웃음).

고이데   밝은 아우라가 넘치시네요. 멋지십니다!

후지타   연결과 대비되는 분단은 어떨까요? 종교란 게 원래 이것과 저것을 묶어서 해석하려 하잖아요. 몸과 마음, 신과 인간, 하늘과 땅 이런 식으로요. 그게 종교의 본질이에요. 묶음식 해석이란 인간이 책임져야 할 일종의 역할이라고 생각해요. 인간이 끊어 버린 연결고리를 다시 인간이 매듭지어 연결해야 한다는 거죠.

고이데   매듭짓기가 인간의 역할이군요. 호오~

후지타   중국에도 비슷한 맥을 잇는 고대사상이 있는데, 천(天)·지(地)·인(人)을 뜻하는 우주의 세 가지 근원을 '삼재(三才)'라고 합니다. 하늘과 땅 사이에 인간이 끼어들어 그 둘을 이어 준다는 거죠. 두 다리로 온전하게 버티고 서서 머리를 곧추세우고 하늘까지 연결하자는 게 기공이나 좌선에서 기본으로 삼는 정신인데요. 이걸 세로 관계라고 합니다. 가로 관계는 팔을 앞으로 뻗어 나아가는 방향으로 이어 주는 것이고요. 인간은 내버려 두면 어떻게든 세상으로부터 자기를 분리하려고 해요. 그 지점에서 다시 연결고리를 찾고자 하는 게 중요한 화두가 되는 것 같습니다. 마음 깊은 곳에서는 이어져 있고 싶을 거예요, 인간은.

고이데 좀 전에도 근본적으로는 연결되어 있다고 말씀하셨잖아요.

후지타 너는 이미 연결되어 있노라(웃음). 그런데 어째서 벗어난 것처럼 살아갈까. 여기에 모든 문제의 싹이 있다고 봅니다.

고이데 벗어난 것처럼 살고 있다는 말씀은, 절대로 벗어난 게 아니란 뜻이군요.

후지타 벗어났다면 진작에 죽었을 겁니다. 애초에 존재하지 못하죠. 원래부터 모든 것이 인과관계로 얽혀 있고 연결되어 있으니까요. 그런데 어째서인지 인간은 근본적인 연결을 바로 보지 못합니다. 그러면서 분리되어 있다는 꿈속에서 살고 있어요.

고이데 분리되었다는 꿈이라고요?

후지타 단절되어 있다는 꿈을 꾸면서 그 반동으로 행동하니까 실제로도 끊겨 버리는 겁니다. 원래 끊겨 있지 않은데, 하나의 스토리로 길게 이어져 있는데, 끊긴 것처럼 전개되는 거예요.

고이데 그렇게 돌아가는군요.

꿈에서 깨어나면
문제 자체가 사라진다

후지타 재미있는 이야기 하나 해 드릴게요. 어느 추운 날 아침, 한 사내가 길을 걷는데 바닥에 무언가가 떨어져 있었습니다. 뭘까 하고 가까이 가 보니 지갑이었어요. 지갑 사이로 비스듬히 들여다보니 지폐 다발이 들어 있지 뭐예요. '웬 횡재냐, 주워 가져야지!' 하고 생각했죠. 그런데 그걸 집으려고 웅크리면 물건을 줍는 모습이 들통나니까 발로 툭툭 밀었어요. 그런데 미동조차 하지 않는 거예요. 날이 어지간히 추웠던지라 길바닥에 지갑이 얼어붙어 버린 겁니다. 사내는 잠시 고민했어요. '어떻게 하지? 떼어 낼 방법이 없을까?' 주위를 둘러보니 아무도 이쪽을 보고 있지 않으니까 오줌

후지타 잇쇼

으로 녹여 버리자고 생각했죠. 지갑과 돈은 물로 씻으면 그만이니까요. 그러고는 좌~악 질러 버렸습니다. '오, 녹았어! 이제 집기만 하면 돼' 하고 손을 뻗은 순간, 그는 잠에서 깨었습니다. 정신을 차리니 자기 방 침대 위였죠. 침대에서 발견한 건 지폐 다발이 아니라 젖어 버린 시트였더랍니다. 하하하.

고이데 아아, 최악이네요(웃음).

후지타 이 이야기는 불교에서 말하는 혹(惑)·업(業)·고(苦)라는 고통의 인과과정(연기법, 緣起法)을 비유한 겁니다. 혹이란 오해를 뜻해요. 방황과 망설임이죠. 업은 그런 방황과 망설임에 따라 행동하는 것이고요. 고는 말 그대로 고통, 괴로움입니다. 여기에는 자기 행동의 결과를 달게 받아들여야 한다는 뜻이 들어 있어요. 꽁꽁 언 지갑이 바닥에 떨어져 있었던 건 꿈이잖아요? 그런데 실제로 현실 세계에서 오줌을 지려 버렸어요. 그렇게 꿈을 믿어서 일어난 행동의 결과는 스스로 책임져야 합니다. 젖은 시트를 빨아서 말려야 한다는 얘기죠(웃음).

고이데 귀에 쏙쏙 들어오는 비유네요.

후지타 실제로 행동하기 전에 꿈에서 깨어 버리면 "뭐야, 꿈이었 잖아" 하고 체념할 수 있겠죠. 하지만 대부분 사람은 그게 꿈인 줄 모르고 정말로 분리되었다는 믿음으로 손과 발을 움직이고 잠꼬 대를 합니다. 분리되어 있다는 착각으로 일으킨 행동은 반드시 결 과를 수반합니다. 인간은 그 결과를 고스란히 떠안아야 하고요. 자업자득이란 말이 여기에 딱 들어맞아요. 이렇게 원인과 결과에 따라 다람쥐 쳇바퀴 돌 듯 굴러가는 게 이 세상입니다. 이 문제는 근본적으로 혹(惑), 방황과 망설임에서 깨어나지 않으면 해결되지 않아요. 주의해야 할 점은 무작정 행동을 멈추라는 게 아니라는 점입니다. 그건 도덕이에요. 도덕적으로 실천하면 그만두라고 말 한 순간 멈출 수 있지만, 혹이라는 감정은 여전히 남아 있는 상태 이므로 결국 또 나타납니다. 무한 반복인 거죠. 불교에서는 혹 자 체에서 깨어나도록 훈련합니다. 분리되어 있다는 꿈에서 깨어나 연결의 가치를 실현하며 사는 것. 이것을 '각(覺)'이라고 표현합니 다. 자각한다는 건 꿈에서 깨어난다는 뜻입니다. 꿈에서 헤어나지 못한 채 문제를 해결하는 것도 조금은 도움이 될지 모르지만, 꿈 에서 깨면 본질적으로 문제 자체가 사라지죠.

고이데 문제 자체가 사라진다니, 유토피아네요. 스님이 늘 말씀하 시던 '나로부터의 자유'라는 게 바로 이것이군요. 나쁜 꿈을 좋은 꿈으로 바꾸려는 일반적인 시도를 '내 안의 자유'라고 한다면요.

후지타 '내 안의 자유'가 나쁜 건 아니지만, 불교에서 중점을 두는 쪽은 어디까지나 '나로부터의 자유'예요. 전자를 '인생에서 일어나는 모든 문제'로, 후자를 '인생 자체에 관한 문제'로 해석할 수 있죠. 단지 일반 사람들은 인생 자체에 관한 문제까지 신경 쓰지 못하고 남자친구와 어떻게 사이좋게 지낼까, 직장 상사가 내게 딴지를 걸지 못하게 할 방법은 없을까, 그런 수준에서 멈춰 버리죠. 그 역시 중요한 문제이고 절실하지만, 그런 문제들이 해소된다고 해도 사람이 태어나 늙고 병들고 죽어 가는 생로병사에 관한 근본적인 문제는 여전히 남아 있습니다.

고이데 그런 문제가 일어나는 원인에 초점을 맞추자는 것이 불교군요.

삶의 큰 울림은
다르게 바라보는 데서 일어난다

고이데 지금 말씀도 그렇고, 스님은 자주 여러 가지 키워드를 대조적으로 말씀하시잖아요. 예를 들면 일반인과 부처, 현실 세계와 극락세계, 분리와 연결 같은 표현 말이에요. 또 내 안의 자유와 나로부터의 자유, 인생에서 일어나는 모든 문제와 인생 자체에 관한 문제. 요즘 자주 언급하시는 Me의 OS와 We의 OS, 제1의 마음과 제2의 마음 등등이요.

후지타 그 말들이 모두 양극단에 선 반대의 의미를 지닌 표현으로 들릴지 모르지만, 다들 방향성(자세나 태도)을 표시합니다. 가령 부처나 일반인은 물건처럼 고정된 이미지가 아니에요. 다른 건 몰라도 이점은 늘 기억해야 합니다.

고이데 내가 어디를 향해 나아가느냐. 그 방향성에 비유했다는 말씀이군요.

후지타 그렇죠. 아까 이야기와도 이어지는 부분인데요. 우리는 무엇이든 일정한 틀, 즉 패러다임 안에서만 생각해요. 그러다가 돌발적인 변수가 생기면 당연히 그 틀에서 벗어나지 못한 채 문제를 해결하려고 하죠. 틀 자체에는 손도 까딱하지 않고요. 물론 틀 자체가 틀렸거나 나쁘다고 할 수는 없지만, 틀이란 건 One of them, 즉 일부에 불과하다는 점을 알아야 합니다. 자신의 잣대로 만든 패러다임과는 완전히 다른 시각이나 감각이 있을지도 모른다는 생각이 필요해요. 또한 자신이 규정하는 것들을 상대화하기. 자신의 토대가 되는 가치를 의심해 보기. 이것 역시 중요합니다. 그런 의구심을 갖게 하는 원동력이 바로 '삶이 고되다'라는 감각일지 모릅니다. 숨쉬기 버겁고 자기 스스로 긴장감을 느끼는 것 같은, 마음을 놓지 못하는 조바심이랄까요. 고통이라든가 의심은 자신이 만들어 놓은 패러다임을 자각하는 계기를 만들어 주기도 합니다.

고이데 왜 이렇게 살기 힘들까? 어딘가에서 엉켜 버린 게 아닐까? 이런 의문 말씀이시군요.

후지타 맞아요. 석가모니 부처님은 그런 의문들에 대해 선언한 겁니다. '네 말이 맞아. 사는 게 힘든 건 괴로움만 생산하는 사이클 안으로 빠져들어 버려서야. 하지만 거기에서 빠져나올 수 있어'라고요. 그리고 그곳에서 빠져나오려면 몇 가지 방법이 있다는 겁니다. 중도나 팔정도, 사성제가 그렇게 탄생한 거예요. 전부가 '도(道)'의 모델입니다. 불교가 이런 식으로 출발했기 때문에 무언가 자기 안에 문제의식을 느끼고 있는 사람에게는 큰 울림을 줄 거예요, 이 얘기가.

어깨에 힘을 풀고 나를 열면,
하나로 이어지는 길이 열린다

후지타 좀 전에 고이데 씨가 말한 키워드들 말인데요.

고이데 일반인과 부처, 현실 세계와 극락세계, 분리와 연결, 내 안의 자유와 나로부터의 자유, 인생에서 일어나는 모든 문제와 인생 자체에 관한 문제, Me의 OS와 We의 OS, 제1의 마음과 제2의 마음…… 이런 것들요?

후지타 네. 이때 각 단어의 짝 중에서 앞에 오는 단어들은 우리가 자각하지 못하면서 그에 맞추어 살고 있는 현상을 의미합니다. 뒤쪽에 온 단어들은 대안이죠. 그런 조합이에요. 우선 우리 자신이 자각하지 못하던 것을 자각하고, 지금 자신이 규정짓고 있는 것의 가치를 깨달은 다음 반대의 가치를 비전으로 삼아야 한다는 거죠. 이런 식으로 각 단어의 짝에서 앞에 오는 키워드와 뒤에 오는 키워드를 따로따로 열거해 보면 논의에 살을 붙이기 쉬울 것 같아서 이런저런 비유를 들었던 겁니다.

고이데 그래서인지 굉장히 이해하기 쉬워요.

후지타   이런 논의들이 펼쳐지고 있는 곳이 불교 현장입니다. 이런 논의 끝에 저쪽 단어에서 이쪽 단어로 옮겨 오기 위한 여러 수행 방식이 제시되고 있어요. 그것이 명상이라든지, 좌선이라든지 하는 형태로 발현되고 있다고 봅니다.

고이데   수행이 패러다임을 바꾸는 수단으로 작용한다는 뜻이군요. 수행에 관해서라면, 아까 말씀 나눈 일상과 비일상에 관한 이야기처럼 꼭 속세를 떠나서 스님이 되지 않아도 가능하지 않을까요?

후지타   물론 가능합니다.

고이데   연결을 의식하며 살아가는 것을 '불교의 수행'이라고 한다면, 밥을 먹거나 빨래를 하고, 누군가와 대화를 나누며 컴퓨터 작업에 몰두하는 등 일상생활을 보내면서도 그것이 충분히 가능할 것 같습니다. "나는 지금 수행 중이야!" 하고 딱딱하게 굴 필요도 없고요.

후지타   좁은 의미에서의 수행자 모습, 즉 수도승의 이미지를 그대로 따라 할 것까지는 없습니다. 솔직히 저도 처음에는 그렇게 시작하기는 했습니다만(웃음). 과거에는 사람들과 될 수 있으면 친밀한 관계를 맺지 않으려고 의식적으로든 무의식적으로든 애썼어요. 그런 기운이 주위에도 퍼졌는지 다들 저더러 무섭다고 하더라고요. 늑대 같다고요. 말을 걸면 물릴 것 같다나요.

고이데 지금은 평온하고 밝은 기운이 넘치시는데…… 상상도 못 하겠는데요(웃음). 그 마음이 아주 서서히 바뀌던가요?

후지타 그랬을 거예요. 억지로 노력하다가 지치기도 했어요. 늘 어깨에 힘을 주고 긴장한 모습으로 나를 끼워 맞추려고 했으니까요. 무모했고 편협했죠. 늘 같은 근육만 쓰고 있었다고 할까요. 하지만 사용하지 않는 근육도 엄연히 존재하고 있음을 깨달았습니다. 쓰지 않아 녹슬었던 마음 한 귀퉁이에도 눈이 가기 시작한 거죠. 누군가에게 직접 지적을 받은 건 아니지만, 이런저런 일들이 제게 메시지를 전하려고 말을 걸었습니다. 그 소리가 들리기 시작했어요. 메시지가 들리기 시작하니 자연스레 수행하는 목적도 바뀌더군요. 과거에는 통제를 우선시했어요. 요즘에는 '느끼고 용서한다'라는 말을 자주 쓰는데, 그쪽으로 경로를 수정했죠. 단순히 내 안에 있던 일부만 변화한 게 아니라 삶의 방식 전체가 달라졌습니다. 좀 전의 단어 조합에 관한 이야기와도 상통하는데, 제게 일어난 패러다임의 전환에도 다양한 표현을 쓸 수 있어요. 자력에서 타력으로, 쟁취하기 위한 질주에서 자연스러운 흡수로, 영어로 말하자면 Take에서 Receive로와 같은 표현들이죠. 말 그대로 '분리에서 연결로'라는 표현을 써도 좋을 겁니다. 그렇게 평행적으로 표현할 수 있는 변화가 느리지만 폭발적으로 일어났습니다. 계획하지도 않았는데 자연스레 흘러간 느낌입니다. 나를 닫은 채 분리하는 길에서, 나를 열어 이어지는 길로 바뀌었다고 말해도 될지 모르겠습니다.

고이데 그건 매 순간 의식적으로 선택하셨나요? 아니면 선택한다는 의식 자체도 없으셨나요?

후지타 의식적으로 선택한 적은 없었습니다. 아마도 잠재의식이, 잠들어 있던 무의식이 선택해 놓았다고 할까요. 그렇게 표현할 수 있었겠구나, 하는 거죠. 지금 생각해 보면요.

자각만으로는
깨달음이라고 말하기 어렵다

고이데 이번 인터뷰는 〈열려라! 깨달음이여!〉라는 주제로 스님을 찾아뵌 것이니, 본론으로 들어가 키워드를 꺼낼까요? 지금 스님 말씀을 들으면서, 원래 이어져 있는 길을 무의식을 통해 선택하는 과정이 바로 깨달음을 얻는 삶이 아닐까 하는 생각을 했습니다.

후지타 깨달음이라는 단어를 쓰고자 한다면, 사람들은 어떤 형태로든 깨닫고 있지 않을까요? 깨달음이란 일반적으로는 무언가를 통찰한다는 뜻으로 통하니까요. 모두 나름대로 통찰하면서 살고 있잖습니까. 미니-통찰이란 건 사실 온종일 시도 때도 없이 일어나니까요. 불교에서 말하는 'Awakening', 즉 자각이란 말은 그런 미니-통찰 내지 미니-깨달음의 확장판이라고 할 수 있습니다. 미니-깨달음이 연쇄반응을 일으킨다고 할까요. 폭발적으로 일어나는 거죠. 하지만 요즘 저는 'Awakening'만으로는 부족하다고 말하며 다닙니다.

고이데 자각만으로는 부족하다고요?

후지타 물론 자각하는 과정이 필요하기는 합니다. 그런데 이게 필요조건이긴 해도 충분조건은 아니라는 거예요. 자각을 통한 정화 (Cleansing) 과정이 수반되어야 합니다. 그 사람이 갖고 있는 삶의 습관을 변화시키는 거죠. 자각은 훌륭한 자세지만, 그것이 단번에 습관이나 습성까지 정화한다고 볼 수는 없기에 필요한 작업입니다. 말하자면, 이 부분은 과거와 이어져 있어요. 여태까지의 업(카르마, Karma)을 정화한다고 해도 좋습니다. 그런 다음에 'Maturing', 성숙이 덧붙어야 해요. 성숙이란 일상 속에서 자각을 깊이 있게 만들어 가는 과정입니다. 이 부분은 미래와 이어져 있죠. 뭐라고 해야 할까요. 하염없이 자각만 한다는 건 어딘가 뾰족 튀어나온 느낌이 들어요. 어딘가가 툭 하고 돌출되어 있는데, 아직 다른 부분이 여기까지 올라오지 못한 상태라고 할까요. 인간관계를 쌓아 가는 과정이랄까, 감정 조절이랄까, 그런 게 영글지 못할 때도 있으니까 끊임없이 자각 단계까지 끌고 가면서 둥글게 다듬어야 한다고 봐요. 그런 게 원숙, 혹은 성숙(Maturation)이라는 겁니다. 자각했다고 해서 목표에 도달했다고 볼 수는 없습니다. 그와 동시에 정화나 성숙이라는, 과거와 미래가 연결된 작업이 병행되어야 합니다. 자각만 너무 두드러지면 위험해요. 자각하고 끝, 이러면 아깝잖아요.

고이데 평소에 깨달음에 관해 생각할 때, 가슴에 한 번 쿵 하고 내려앉는 순간을 알아차리면 그것으로 충분히 인생이 달라질 줄 알았어요. 실상은 절대로 그런 게 아니란 말씀이군요.

후지타 너무 깨달음에 집착하다 보면 애먼 것을 잡아 버리기도 하니까요. 그래서 조동종 같은 종파에서는 애초에 깨달음을 추구하지 않는다고 강조합니다. 충실하게 살다 보면 잡으려고 발버둥 치지 않아도 알아서 찾아와 주는 게 있거든요. 그게 진짜죠. 찾고자 하던 게 찾아오면 인간은 착각하기 쉽습니다. 내가 제대로 해서 그렇다고, 마치 '내가 쟁취했다'라는 성취감에 빠진다는 얘기에요. 그건 옳은 방식이 아닙니다. 어긋난 부분을 바로잡아 주는 조력자가 동료나 선배, 스승 같은 이들 아닐까요. 그런데 요즘은 인간관계 속에서 그런 배려 섞인 관찰을 찾아보기 힘든 것 같습니다. 인간관계 자체에 그다지 흥미를 보이지 않고, 대체로 그런 인연에 스스로 들어가려고 하지 않잖아요. 뭐랄까, 불교에서 말하는 연각(緣覺, 부처의 가르침에 의존하지 않고 스스로 진리를 깨달은 성자 – 역주)이나 독각(獨覺, 연각과 같은 말) 같은, 혼자서 진리를 터득하는 사람이 늘고 있어요.

고이데 그런 의미에서 불교는 안전장치로 작동하는 게 아닌가 싶어요. 깨달음의 세계를 동경한다고 해도 부처의 가르침에 어떤 형태로든 접촉하지 않으면 왠지 위험할 것 같거든요. 수박 겉핥기식이어도 좋다는 거죠. 불교에는 2,500년이라는 긴 역사도 있고, 스님들의 집단(승가, Samgha)이나 동료도 있으니, 안전만땅 아닌가요?

충실하게 살다 보면 잡으려고

발버둥 치지 않아도 알아서

찾아와 주는 게 있거든요.

그게 진짜죠.

불교의 가르침이나 동료가 험한 세상에 닻이 되어 준다고 할까요. 땅 위에 안정적으로 발을 디디고 설 수 있게 힘을 보태주는 것 같아요. 그렇지 않으면 세상에 홀로 버려졌다고 생각할지도 몰라요. 제 경험에 비춰 봐도 그런 것 같거든요.

후지타 저는 Awakening, 자각 전 단계라 하더라도 인간답게 살아야 한다고 생각합니다. 제대로 인간성을 갖추지 않은 채 자각한다고 휩쓸리기만 하면 위험해요. '자각한 인간 이하의 인간'보다 '자각하지 않은 인간다운 인간'이 바람직하죠. 물론 불교에서 추구하는 이상형은 '자각한 인간다운 인간'이겠지만요. 이게 도덕적으로 착한 사람 하고는 뜻이 달라요. 인간으로서 제구실을 해야 한달까…… 말로 표현하기는 어려운데요. 그런 사람한테 보상처럼 주어지는 게 있거든요. 삶을 충실하게 살다 보면 분명히 무언가를 통찰하면서 성숙할 것이고 정화도 할 수 있다고 믿어요. 자각하고 말겠어! 정화해야지! 성숙하자! 이런 식으로 해결해야 할 숙제처럼 바짝 힘주고 의지를 불태워서 되는 게 아니에요. 학습 지도 요령의 단원 목표, 이런 게 아니란 말이죠(웃음). 훨씬 거대한, '이번 생에 태어난 이상 제대로 살아 보고 싶다'라는 진심에서 우러나는 소망. 그런 소망에 가치를 두고 살다 보면 언젠가 이루었노라고 자부할 수 있는 상황에 놓인다고 할까요.

고이데   답을 미리 정해 놓고 거기에 맞추려 하거나 목표로 삼으면 틀린 길을 걷게 되기도 하잖아요.

후지타   절대로 그렇게 하면 안 돼요. 추구하거나 목표로 삼는 게 아니에요. 이미 존재하는 것을 알아간다고 할까요. 아까 말한 연결과 관련시키면, '어떻게든 이어져 있어야 해!'라는 식으로 힘을 주는 게 아니라 원래부터 이어져 있던 줄을 놓지 않는다고 할까요. 원래 연결된 상태를 유지한다고 할까요. 좀 더 고요하고 평화롭고 단순한 거예요.

고이데   내가 무언가를 깨닫는 게 아니라 '깨달음 속에 내가 있다'라는 감각인가요?

후지타   맞아요. '깨달음이 내 가치를 깨닫고 있다'라고 해도 좋고요. 심리학 용어로 사용되는 전경 - 배경(Figure-ground, 인간의 지각 과정 중에서 중요하고 의미 있는 부분과 덜 중요한 부분으로 구분해 인지하는 현상. '루빈의 꽃병' 그림이 대표적 - 역주) 같은 이미지예요. 비이원(非二元), 불이(不二), Non-duality, 모두 같은 말인데, 아마 이런 맥락이 아닐까요. 이 카테고리 안에서 생각한 건 아니지만요.

고이데 이원적 세계와 비이원적 세계라는 게 나뉘어 존재하지 않는다는 거잖아요. 나뉜다고 생각한 순간 이원적 사고가 되어 버리니까요. 바로 '이것'이, 우리가 살아가는 지금 이 세계가 그대로 비이원이라는….

후지타 일상적으로 살아가면서 어떻게 그걸 이해하는가가 문제죠. 얼마나 원숙하게 열매를 맺느냐. 그 지점을 다들 어려워하는 게 아닐까요.

자각은 결코 특별한 순간에 일어나지 않는다

고이데 화제를 조금 돌려 보겠습니다. 작은 자각체험이랄까요. 사실 스님이 아닌 일반인 중에도 '나는 없다', '모든 것이 나다'와 같은 그야말로 세계의 근본적인 존재 가치를 들춰 보는 사람이 꽤 있더라고요. 요 몇 년 동안 엄청나게 늘어난 것 같아요.

후지타 그런 체험을 한 사람의 이야기를 듣고 영감을 얻어서 나도 그런 경지에 도달하고 싶다고 염원하는 사람이 늘어나고 있다는 뜻인가요? 그런 체험이란 게 염원하지 않으면 일어나지 않는 걸까요?

고이데 꼭 그런 건 아닌 것 같아요. 제 친구 중에도 이쪽 방면에 별다른 지식이 없는데도 우연히 발견한 사람이 생각보다 많은 걸 보면요. 예를 들면 여름에 혼자서 멍 때리고 있는데 매미가 울고 있는지 내가 울고 있는지 모르겠더라…… 라는 식이죠. 세계와 나와의 경계가 사라져 버린 거예요. 이건 또 다른 친구 얘긴데요. 자전거를 타고 밤길을 달리다가 문득 자기가 자기를 따라잡은 감각을 느꼈고, 그 느낌이 한동안 이어지다가 어느새 사라져 버렸다고 하더라고요. 이런 '미니-Awakening', '미니-깨달음' 같은 체험을 하는 사람이 아무래도 적지 않은 것 같아요. 저 자신도 그런 경험을 했고요.

후지타 그렇군요.

고이데 다만 그런 사람들은 평소에 불교를 비롯한 '진리'의 대명사인 지혜나 현명함과는 거리가 멀었기 때문에 그 체험이 어떤 의미를 지니는지 모르고 지나쳐 버린 경우가 많은 것 같아요. 만약 적당히 지식을 갖추고 있었다면 그런 체험을 했을 때 그것이 절대로 특별한 현상이 아니었음을 깨닫고, 또 부여받은 삶을 연결과 관련

지어 더욱 충실히 살지 않을까 하는 생각을 했어요.

후지타 그런 체험이 땅바닥에 힘차게 두 발을 디딜 수 있게 해 준다면 더할 나위 없겠죠. 그런 체험은 무언가 신기한 일이 일어났다거나 특별한 순간이었다는 느낌이라기보다는, 사실 체험 자체가 '진정한 당연지사'를 보았다는 뜻입니다.

고이데 비로소 깨달았다, 처음으로 눈이 열렸다는 감각일 거예요. 눈이 열린 상태에서 살아갈 수도 있는데 애초에 이와 관련된 지식이 없다 보니 다시 눈을 감아 버리는 거죠. 그게 참 안타깝더라고요.

성장과 자각 체험의 장을 열어 주는
불교 수행

후지타 미니-자각은 의식이 마음의 경계를 허물었을 때 비교적 자주 일어납니다. '방심하는 사이 깨달아 버렸어요.' 이런 느낌이죠(웃음).

고이데 방심하는 사이 깨달아 버렸다니(웃음). 정말 그런 것 같아

후지타
잇쇼

요. 평소 개인의 의식, 제 경우에는 고이데 요코의 의식이 풀가동하는 시간에는 보이지 않다가 방심하는 순간 갑자기 "헛!" 하고 찾아오더라고요.

후지타 엿보는 거예요, 살짝. 커튼이 순간 휘릭 하고 들춰지는 거죠.

고이데 '어라? 이건 뭐지?' 하다가 다시 커튼이 스윽 제자리로 돌아가고, 눈 깜짝할 사이에 고이데 요코의 세계로 돌아와 버리죠. '그것은 대체 뭐였지?' 하는 느낌만이 남는다고 할까요. 스님도 말씀하셨듯이, 그런 체험이 드문 일은 아니겠죠? 하지만 우리는 대부분 자신이 살짝 들여다본 세계가 바로 불교에서 체계를 세워 전하고 있는 현상이라고는 상상도 못 하고 있어요. 좌선, 경책(정신이 흐트러질 때 꾸짖음), 합장, 나무아미타불, 이런 것들만 불교라고 생각하니까요.

후지타 그렇게 말할 수도 있겠죠.

고이데 맞는 표현이긴 하지만 절대로 그게 다가 아니잖아요. 일반적으로 그 부분을 많이 착각하는 것 같더라고요. 그 착각이 불

교와 일반인 사이에 가로놓인 벽이 아닌가 하는 생각이 들기도
해요.

후지타　자각 체험은 우연의 산물처럼 찾아오는지라 일상과 동떨
어졌다는 인식이 강한 것 같더군요. 하지만 불교나 예로부터 전
해 내려오는 정신적인 가르침들은 '원래 그쪽이 당연한 것이고,
평소의 삶이 비정상이다'라는 가치 역전을 부여합니다. 소위 종
교적 체험이라고 하는 쪽이 리얼이고, 평소에 진짜라고 믿고 있
는 세계가 사실은 꿈과 같다는 거죠. 그런 시각으로 본다면, 불
교에서 말하는 행(行)은 종교적 체험을 우연에 맡기지 않고 보
다 쉽게 체험할 수 있도록 조건을 정비해 줍니다. 영어로 말하면
Conductive(어떤 일이 일어나기 쉽게 하다)라고 할까요.

고이데　길을 알려 주거나 경종을 울린다는 느낌일까요?

후지타　맞습니다. 존재하는 것들이 성장하기 쉽도록 도와주는 거
죠. 그 과정에서 방해가 되는 요소를 줄여 가는 겁니다. 그리고 또
한 가지, 일어나도록 북돋아 주는 역할도 있어요. 일이 일어나기
쉽도록 어떻게 연구하고 관여하느냐. 아마도 불교의 수행이 이런
역할을 하지 않을까요. 그런 체험을 직접적으로 발현시키기보다

상황을 만들어 놓고 마지막에 자연스레 흘러가도록 내버려 두는 게 불교의 특징이죠. 시기가 무르익기를, 때가 되기를 기다리는 겁니다. 노구치 경락[02]에서 추구하는 힐링법도 마지막에는 수면이 그 사람의 마음을 풀어 주도록 한다고 해요. 지금 상태로는 수면이 깊은 곳까지 도달하기 어려우니까 수면이 일을 하기 쉽도록 몸을 정비해 주고 마지막 완성은 수면에 맡겨 버리죠. 그래서 경락을 받은 날은 욕조에 들어가지 말라고 권한답니다. 모처럼 몸의 마디마디를 제자리에 끼워 놓았는데, 다시 삐그덕거린다고요. 어디까지나 완성은 자연에 맡긴다는 방식이죠. 불교도 그런 흐름을 타고 있어요. 열이면 열 인간이 하도록 내버려 두지 않습니다. 완성은 만물의 섭리(불도)에 맡깁니다.

고이데 그렇군요. 불교에서 말하는 행(行)이 어떻게 성립되는지, 어떤 구조인지 이제 완벽하게 이해했어요.

궁극의 지혜는
한 가지가 아니다

고이데 절에 가면 마음이 푸근해지는 이유에 관해 말하자면, 역시 절이 고향이라서가 아닐까요. 절은 진리를 전하는 공간이고, 그

이념을 눈에 보이는 형태로 표현한 건축물이잖아요. 그러니까 어떤 점에서는 푸근한 게 당연하다고 생각해요. 그야말로 '매미가 나인가, 내가 매미인가'와 같은 느낌이 절대로 특별한 게 아니라 평범한 일이라고, 깊은 잠재의식 속에서는 모두 깨닫고 있는 게 아닐까 하는 거죠.

후지타 다들 말도 배우지 못한 갓난아기 때는 그런 의식으로 살지 않았을까요? 그러니 절에서 위안을 얻는 거고요. 태어나고 1년 정도는 우리 모두 그런 비이원적, 근본적인 '이어짐'의 세계를 살아왔다는 뜻입니다. 조상의 대물림 같은 거죠. 어떤 의미에서는요. 우리도 모르는 사이 조상의 얼을 물려받는 겁니다. 그런데 성인이 되면 의식이 허용하지 않죠. 나중에 무작정 깔아 버린 앱과는 다르니까 부정할 수밖에 없지만, 사실은 부정받은 쪽이야말로 진짜거든요. 그런 진정한 의식과 성인으로서의 의식 모두 쓸 수 있으면 좋겠죠. 대부분의 사람은 성인으로서의 의식만 유일한 세계라고 생각합니다. 하지만 원래는 다르다는 것을 알고 있어야 합니다.

고이데 원래는 다르다는 의식을 품은 채 일상생활이 가능하군요. 평소에 누군가와 대화도 할 수 있고, 이렇게 눈앞에 있는 과자를 먹을 수도 있고요(웃음). 그러니 진정한 세계의 존재 가치를 알았

다고 해서 일상적으로 생활하지 못하느냐? 그런 건 아니고, 그냥
생활의 질이 높아진다고 할까요.

후지타 불교에서는 지혜가 한 종류가 아니라고 말합니다. 유식(唯
識)의 관점에서는 적어도 네 가지로 나뉘죠. 거울처럼 티끌 하나
없이 맑은 대원경지(大圓鏡智), 사물 하나하나에 분명한 이치를 따
지는 묘관찰지(妙觀察智), 모든 이치를 통달하는 성소작지(成所作
智), 세상과 내가 둘이 아니라 평등하므로 자비를 일으키는 평등
성지(平等性智)가 있습니다. 또 유식의 의식 구조 모델에서는 마음
에 여덟 가지 층이 있다고 합니다. 이를 8식(識-안식, 이식, 비식, 설식,
신식, 의식, 말나식, 아뢰야식)이라고 하는데, 그중 아뢰야식(阿賴耶識)
이라는 것이 말하자면 대원경지에 속하죠. 대원경지는 모든 것을
있는 그대로 비추는 지혜입니다. 일곱 번째에 해당하는 말나식(末
那識)은 평등성지가 되고요.

고이데 차츰 단계가 높아지는 건가요?

후지타 단계까지는 아니고 작용이 다릅니다. 예를 들면 성소작지
란 눈, 귀, 코, 입, 신체, 의식의 처음 다섯 가지 감각이 바뀌어 행동
거지가 달라지는 것을 말해요. 지금까지 거칠고 적당히 취급하던

것을 소중히 여길 줄 알게 되죠. 몸가짐이 완성되는 것. 그것도 지혜거든요. 사실은 이게 제일 시간이 오래 걸려요. 마지막에 완성되는 게 행동거지입니다.

고이데 신체적인 버릇이란 게 그렇게까지 강력한 것이었군요.

후지타 재미있지 않아요? 궁극의 지혜란 것이 한 종류가 아니란 게요. 어떻게 작용하느냐에 따라 적어도 네 종류가 있다는 것. 또 하나 설명하면, 근본무분별지(根本無分別智)라는 게 있어요. '모든 것이 하나'라는 지혜입니다. 이것과 세트로 분별방편지(分別方便智)라는 게 있는데, 모든 것이 하나라는 진리를 무너트리지 않은 채 다양한 세계에 대응해 갈 때의 지혜를 말합니다. 사실은 이쪽이 더 친숙하죠.

고이데 불교는 '모두 하나'로 끝을 맺지 않는군요. 세계의 다양성을 존중한다는 느낌이에요.

후지타 '하나'와 '다양함'. 하쿠인 에카쿠[03]는 공안(公案)을 통해 먼저 '하나'를 알아야 한다고 가르칩니다. 우선 법신이 모두 하나로 연결된 법의 신체, 즉 진리의 몸임을 알게 한 뒤에 기관(機關)[04]에

임하면서 법신을 각각의 상황에 맞추어 적절하게 작용하도록 수행하죠. 기관은 작용입니다. '하나'에서 벗어나지 않은 채 세상의 다양한 상황을 적시에 적절하게 다루는 거죠. 그래서 불교는 신비주의와는 다른 겁니다. 조계종에 참선하는 열 단계의 과정을 소에 비유해 그린 그림인 〈십우도(十牛圖)〉가 있는데요. 여덟 번째 그림이 아무것도 없이 둥글기만 한 원입니다. 하지만 그것으로 끝이 아니라 아홉 번째 그림에서 자연이 튀어나오고, 그다음에 열 번째 그림에서는 인간사회가 나옵니다. 이것만 보아도 다양한 세계를 인정하고 있다는 뜻입니다. 강이나 나무, 새가 있는 자연 세계가 있고, 술집도 있고 아이도 있으며 길도 있고, 그런 인간이 만든 인공적인 사회까지 충실하게 그려 내고 있어요. 불교에서는 원 그림 자체가 자유자재로 작용하는 것을 진리로 봅니다. 원 그림은 처음부터 마지막까지 그 자리에 존재하고 있죠. 늘 그 안에서 여러 가지 일이 일어나는 겁니다. '아무것도 없다', '그것으로 끝이다'가 아니라는 겁니다.

고이데 열 번째 그림에서 서민 세계로 돌아온다고 할까요. 다시 새로운 서민들의 세계가 일어나고 있어요. 그런 모습을 잘 그려내고 있는 게 불교군요. 괜히 좋아요. 따뜻하고, 아무 속임수가 없는 것 같고요.

자유로운 존재,
보살

후지타 어느 곳이든 자유로이 들어갈 수 있는 존재가 불교에서 말하는 보살의 이미지잖아요.

고이데 자유롭게라면, 괜한 집착 같은 게 없다는 뜻일까요?

후지타 맞습니다. 대승불교 경전인 《유마경》에 보면, 석가모니 부처님의 고집스러운 제자들이 손가락질받는 듯한 묘사가 있습니다. 천녀가 지상을 향해 꽃을 뿌렸는데 정직한 부처님의 제자는 "이렇게 탐욕스러운 것이 나한테 붙어서는 안 된다"라며 털어 버리려고 합니다. 하지만 몸부림칠수록 더 달라붙죠. 그런데 보살의 몸에는 하나도 붙지 않아요. 스르륵 미끄러져 떨어질 뿐이죠. 왜 그런가 하니, 보살은 분별을 초월하고 있어서예요. 예쁘고 더럽다는 판단 자체를 하지 않으니까 보살에게는 꽃이 그저 꽃으로만 보인 겁니다. 그 이상도 이하도 아니었죠. '너희들이 꽃을 더럽다고 생각하니까 더욱 붙어 버리는 거야' 하는 가르침을 주고 이야기는 끝납니다. 비유를 들어 비판한 거죠.

우주에 존재하는 것은
단지 작용뿐이다

고이데 아까 다양한 상황에 적절하게 작용한다는 말씀을 하셨는데요. 그 말을 듣고 스님이 전에 했던 말씀이 떠올랐어요. 불교를 배울 때는 육성, 양성, 구축을 뜻하는 Cultivate라는 영어를 쓴다고요. 지식이나 기술을 습득하는 게 아니라 태도나 지성을 Cultivate 하는 게 불교라고 하셨거든요.

후지타 자세 하나, 동작 하나에 사용하는 근육이 정해져 있는 것은 아니라는 말입니다. 틀에 박힌 올바른 자세, 바른 움직임을 익히는 게 아니라 움직임을 매 순간 바로잡아 가자는 거예요. 이 둘은 완전히 다른 방식입니다. 배우는 단계가 완전히 다르죠. 올바른 움직임이라는 것이 이미 존재하고 그에 맞추어 익힐 것인가, 아니면 움직임 자체를 그때그때 바꾸어 가며 익힐 것인가. 한쪽은 지식이, 다른 한쪽은 지성이 작용합니다. 지성이란 건 형태가 없잖아요? 지식이라면 'A is B', '이 꽃은 장미입니다'와 같이 말할 수 있지만, 지성은 작용이므로 항목을 정해 설명할 수 있는 성질이 아닙니다.

고이데   기존의 답에 얽매이지 말고 그것을 매 순간 창조하는 게 지성이라는 뜻이군요. 불교에서 배움이란 그것을 익히는 과정이고요.

후지타   다시 말하지만, 불성은 결국 작용입니다. 불성이란 것을 다들 고정된 하나의 물건처럼 이미지화하지만, 어디까지나 작용입니다. 실체가 아니라는 거죠.

고이데   작용이란 게 굉장히 큰 의미를 가진 키워드인 것 같아요.

후지타   네. 게다가 작용하는 것과 작용받는 것이 따로 있는 것도 아닙니다. 정말로 존재하는 것은 작용뿐이죠. 본다는 것도 작용이고 귀로 듣는 것도 작용이에요. 보는 사람과 볼 수 있는 사람이 있고, 그 사이에서 무언가가 일어나고 있는 게 아닙니다. 이 모두가 통째로 작용인 거죠.

고이데   에도 시대의 고승 반케이[05]도 같은 말을 했잖아요.

후지타   '불생의 불심(不生の仏心)' 말이군요. 사람에게는 날 때부터 불심 하나만 존재하며, 그 외의 모든 것은 타고나지 않으니 살아

가면서 불심이 절로 일어나도록 내버려 두어야 한다. 그러면 모든 것이 제자리를 찾아간다는 뜻이죠. 가마쿠라 시대에 정토진종을 창시한 고승 신란(親鸞)이 만년에 주장한 자연법이(自然法爾)도 마찬가지입니다. 자연의 섭리라는 뜻이니까요. 법칙으로서 존재해야 한다는 뜻이죠. 지금 여기에 있는 것, 모든 것은 각각 작용하고 있어요. 그러니 돌멩이 하나도 수행을 하고 있다는 말입니다. 돌멩이도 열심히 돌멩이로서의 임무를 다하고 있다고요. '하고 있다'라는 것을 '수행'이라고 바꾸어도 좋아요. 책상도 책상으로서의 역할을 충실히 수행하고 있는 거죠. 전기도 마찬가지고요. 신기하죠? 자석은 왜 달라붙죠? N극과 N극이 밀어낸다는 것도 신기한 작용 아니에요? 모두 작용, Activity입니다. 우주에 존재하는 모든 것이 한시도 쉬지 않고 작용하고 있어요. 게다가 각자 고유성이 있죠. 그런 의미에서 우리는 모두 수행 동지랍니다. 수행자가 된다는 참뜻은 바로 이 커뮤니티의 구성원이 되는 일입니다.

고이데 모두 열심히 작용하고 있군요. 인간도 태만하지 않고 작용해야겠어요. 열심히 인간으로 살아야겠네요. 이기적인 마음만 뿜뿜 드러내고 있을 때가 아니네요.

후지타 말하자면 이기심도 일종의 작용이에요.

고이데   이기심도 작용이라고요?

후지타   우주에는 작용 외에는 아무것도 없으니까요. 예외가 없어요. 튀어나온 것이 없으니까.

고이데   어디까지나 작용이군요. 헤어나지 못하는.

후지타   이기심이 할 일은 그 작용에 놀라는 일이겠죠. '이게 무슨 일이야! 나도 작용 중 일부였잖아!' 하고 말입니다. 이기심은 언제든 세상에서 자신을 튀게 합니다. 제 발로 튀어나왔으면서 결국 외로움을 느끼죠(웃음). 외로움에 떨다가 달라붙고 싶어서 이런저런 방법을 쓰지만, 그게 실패로 끝나 버려서 더욱 상처를 깊게 만들죠. 이기심이 할 수 있는 일은 이런 반복되는 일을 아둔하다고 깨닫고 멈추어 버리는 일입니다.

고이데   그게 이기심의 역할이군요. 확실히 이기심이 없으면 원래 자기의 아둔함을 알지도 못하니까요.

후지타   맞아요. 이기심에도 자기 역할이 있으니 굳이 없앨 필요는 없다고 생각합니다.

수행에는
끝이 없다

고이데 요즘 들어 생각하는데, 수행에는 끝이 없는 것 같아요.

후지타 수행에 종착역은 없어요. 앞으로 나아갈 뿐이죠. 팔정도는 정견(正見, 편견 없이 있는 그대로 바라봄)으로 시작해서 마지막에 가장 이상적인 상태인 정정(正定, 안정적이고 고요함), 혹은 삼매(三昧)에 이르잖아요. 그 경지에 이르면 모든 것이 하나로 이어져 있다는 진리를 터득하게 됩니다. 근데 그게 끝이 아니에요. 다시 처음 상태인 정견으로 돌아갑니다. 무한 반복인 거죠. 가마쿠라 초기의 스님인 도겐(道元)도 '행지도환(行持道環, 수행자가 수행을 통해 부처와 하나가 된다는 뜻 - 역주)'이라고 했잖아요. 발심(發心)-수행(修行)-보리(菩提)-열반(涅槃)은 동그란 귀고리처럼 어디에서 시작했는지, 또 어디에서 끝나는지 알 수 없다는 의미를 담았습니다. 빈틈이나 공간을 찾기 힘들 정도로 끊임없이 돌고 돌죠.

고이데 돌고 도는 물레방아 같은…….

후지타 더 자세히 말하면 수행 안에 나머지 발심, 보리, 열반이 포함되며 보리 안에는 또 나머지 세 가지가 포함됩니다. 다른 것들도 마찬가지예요. 마치 마트료시카 인형 같죠. 불교는 사실 홀로그램 같은 이미지가 굉장히 강합니다. 팔정도도 그렇고요. 정견 안에 다른 일곱 가지가 들어 있고, 정사(正思) 안에도 나머지 일곱 가지가 모두 들어 있습니다.

고이데　석가모니 부처님 시대부터 그랬다는 거죠.

후지타　이게 당연한 겁니다. 모든 것이 하나로 연결된 비전으로 묶여 있으면 그쪽으로 흘러갑니다. 다른 원리가 아니라 모두 같은 원리로 순환하니까요. 마트료시카 구조로 이루어진 게 당연하지 않아요? 어째서 그렇게 되었는지는 모릅니다. 하지만 우주가 태초에 그렇게 되어 있음은 틀림없어요. 프랙털 구조라고 아세요? 바다 쪽으로 툭 튀어나온 곳은 위에서 보면 들쑥날쑥하잖아요. 그 일부분을 확대하고 더욱 확대하면 그곳에 또 같은 모양의 곳이 나타납니다. 그것을 또 확대해 가면 다시 같은 형태가 나타나고요. 그것을 모두 더해 가면 무한한 길이로 늘어나죠. 잎맥도, 뿌리도 똑같아요. 사람의 혈관이 팽창하는 형태도 그렇고요.

모든 것은
하나로 이어져 있다

고이데 무슨 현상인가요. 불가사의한 것도 같고 신비스럽기도 하네요.

후지타 이게 바로 연기(緣起)에 관한 과학적 증거입니다. 우주는 그렇게 흘러가도록 존재하고 있는 거죠.

고이데 어째서 그런지는 모르지만, 그렇게 흘러가게 되어 있다는 거군요.

후지타 그렇죠. 이런 실험도 있어요. 원자핵 주위를 전자가 돌고 있잖아요. 예를 들면 반대의 성질을 띠고 있는 전자가 두 개 있고 각각 반대로 돌고 있다고 하면, 그 두 개를 조작해 굉장히 멀리 떨어트려 놓는 겁니다. 그런 다음에 한쪽 전자의 스핀을 역방향으로 바꾸어 버리면 동시에 다른 방향의 전자까지 거꾸로 돌아간다고 해요. 동시에 말이죠. 아무리 거리가 떨어져 있어도 동시에. 이쪽에서 일어난 변화가 저쪽까지 전해져서 "오케이, 나도 바꾸겠어" 하는 순차적 개념이 아닙니다. 한쪽의 스핀을 바꾼 순간 반대쪽도 수행에 종착역은 없어요.

앞으로 나아갈 뿐이죠.

후지타 잇쇼

바뀌어 버려요. 이런 현상을 발견하기는 했지만, 여전히 논리적인 답을 찾지는 못했죠. 이걸 '양자 얽힘(Quantum Entanglement)'이라고 하더군요. 모두 하나로 이어져 있기에 가능한 일입니다. 서로를 의식하게 되어 있다는 거죠. 한쪽을 건드리면 나머지 한쪽도 바뀌지 않을 수 없는 거예요.

고이데 하나로 이어져 있어서요…….

후지타 이 접시 안에도 그런 자기가 수억 개, 수조 개나 들어 있습니다. 그런 성질을 띤 하나하나의 전자가 모여 있으니까요. 이런 개념으로 모든 사물을 인식해 보세요.

고이데 너무 어마어마해서 눈알이 뒤집힐 것 같아요(웃음).

후지타 저는 학교에서 이런 내용을 가르쳐야 한다고 생각해요. 원인은 모르지만 이런 일이 일어나고 있다고요. 그러면 지금 평범하게 느끼던 세계가 좀 더 달라져 보일 것 같은데 말이죠. 이런 것도 연결되고자 하는 하나의 계기가 될 수 있어요. 아까는 삶의 힘겨움이라든가 위화감을 예로 들었지만, 우리가 보고 있는 세계의 모든 것이 실은 굉장히 신비로운 가치를 지니고 있다는 것을 어려운 수학 공식이 아니라 이렇게 이미지를 그리면서 보여 주면 되잖아요. 그것을 안 다음에 한번 더 주변의 모든 사물을 둘러보면, 우리가 무턱대고 유지하고 있는 틀이란 것도 좀 더 조화를 이루지 않을까요.

나는 왜 여기에서 이러고 있는가?

– 후지타 스님의 체험기

고이데 마지막으로 질문 하나만 더 할게요. 스님이 지금까지 여러 인터뷰를 통해 말씀하신 열 살 때의 체험에 관해서입니다. 자전거를 타고 밤길을 달리다가 밤하늘을 올려다본 순간 무언가가 나를 세게 내려치는 듯한 충격을 받았다고 하셨는데요.

후지타 상당히 큰 충격이었죠.

고이데 그것 역시 지금 말씀하신 것처럼 신비한 능력을 가진 세계에 대한 충격이었나요?

후지타 음… 무한하다는 것을 나는 왜 상상할 수 있을까 하는 느낌? 나는 모래알처럼 미미한 존재인데 어째서 우주를 머릿속으로 그럴 수 있는 걸까 하고 생각했죠. 그런 놀라움도 있었을 겁니다. 그때 어째서 나는 여기에 이러고 있을까 하는 의구심을 강하게 갖고 있었거든요. 그게 최초의 의문이었을지도 모르겠네요. 무한한 우주 안에 내가 이렇게 존재하고 있다니, 어째서? 우주는 무한하다고 배우던 즈음이었으니까요. '당연한 게 아닐 거야. 도대체 무엇 때문에 이렇게 되는 걸까?' 하고 깜짝 놀랐죠. 그러니까 제 경우에는 괴로움이라기보다는 그런 놀람이 길을 터 주었다고 할 수 있어요. 당연하다고 여기던 세계에 균열을 일으킨 계기가 되었던 것 같아요. 그때부터 줄곧 생각했으니까요.

고이데 그것이 불도를 향한 첫 단추였다는 말씀이신가요?

후지타 글쎄요. 어쨌거나 지금까지 여운이 남아 있기는 해요. 어느 날 불현듯 떠올라요. 고등학교에 다닐 때도 그런 날이 있었습니다. 학교에서 하숙집까지 걸어서 15분 걸리는데, 도중에 강이 있고 다리를 건너야 했어요. 어느 날 무슨 일을 하다가 집에 가는 길이 늦어졌는데, 사방이 깜깜한 빗길을 우산도 들지 않고 물에 빠진 생쥐처럼 걷고 있었죠. 그때 갑자기 또 같은 느낌을 받은 거예요. 나는 왜 여기에 이러고 있지? 나중에 대학원에 다닐 때 불교 성지를 순례했는데, 그때도 같은 감정에 휘말렸고요. 혼자서 어두운 길을 걷다 보면 조건이 맞아떨어져서인지 몰라도 기억이 난단 말이죠. 뭐랄까, 단순히 영험한 체험 같은 게 아니고…… 비장함도 아니고 말입니다. 적막함과 신비로움, 기묘함이 섞인 듯한…… '아, 또 시작되었어. 간만이네' 하는 그런 느낌으로 갑자기 찾아옵니다.

고이데   그 감정이 쓸쓸하기는 하지만 싫지는 않으셨겠네요?

후지타   절대로 싫은 감정이 아니었어요. 정이 가기도 했고요. 아무래도 나보다는 다른 사람이나 사회로 향했던 시선이 쉬어 가는 순간일지도 모르죠. 수많은 관계 사이에서 자신을 얽매고 있던 틀이 사라진다고 할까요. 인간관계가 갑자기 허물어져서 타인이라는 개념이 없어지는 감각입니다. 우주 앞에 홀로 우뚝 서 있다는 감각이기도 하고요. 나 혼자구나 하는. 우주와 인간으로서의 내가 일대일로 대면하고 있는 느낌입니다. 그러니 적막함도 있었을 겁니다.

고이데   우주 앞에 선 '나'란 '후지타 잇쇼'를 의미하는 건가요?

후지타   후지타 잇쇼는 내 안에 있는 수많은 '나' 중의 한 명이잖아요. 그런 게 아니에요. 수많은 내 안의 '나'가 아니에요.

고이데 그렇군요. 그렇다면 우치야마 코쇼⁰⁶ 스님이 말씀하시던 '천지 생명의 근원(天地一杯のいのち)'과 관련이 있나요?

후지타 '무한한 우주와 내가 어우러져 다시 내가 된다'라는 느낌으로, 아마 이중적인 시각일지도 모르겠습니다. 무한한 우주를 왜 이 작은 머릿속에서 생각하고 있는가 하는 거죠. 여기에 홀로 서 있는 나와 그 상황 모두를 의식하고 있는 또 다른 나……. 의식 속으로 우주가 들어와 있다는 감각일지도 모르겠습니다.

고이데 말 그대로 마트료시카 인형이네요.

후지타 그런 건지도 모르죠. 사회가 추락하고 있다는 느낌은 확실히 있어요. 그러니 '나'는 후지타 잇쇼가 아닙니다. 전체 속의 일부라는 감각이 아니니까요. 늘 그 상태로 존재하고 싶다는 마음은 없어요. 그 순간이 내게 중요한 의미를 부여한 건 틀림없지만 그 느낌을 오래 끌고 가겠다거나, 또 이번에는 이런 감각을 살리고 싶다는 그런 생각은 안 합니다. 때때로 기억나면 좋겠다는 정도죠.

고이데 　그럼 그 감각에 충실하고자 출가한 것은 아니란 말씀이네요?

후지타 　아니죠. 그런 질문을 받기는 했지만 달라요. 하지만 그때 본 것이나 그때 품은 낯선 감정을 중시하는 세계에 들어가고 싶다는 생각은 했습니다. 그런 희망에 충실하게 답해 준다고 할까요. 계산해 넣은 듯한 곳에 있고 싶기는 했죠. 그래서 최종적으로 가닿은 곳이 불교였어요.

고이데 　그렇군요. 고작 열 살짜리 꼬마가 그런 엄청난 체험을 했다니, 신기하네요.

후지타 　별말씀을요. 이런 일 꽤 흔하지 않나요? 심리학자인 가와이 하야오[07] 선생님이 쓴 에세이에도 적혀 있던데요. '열 살이면 세상에서 자신이 어떤 위치에 있는지 발견할 수 있는 연령이므로 그런 일이 일어날 수도 있다. 대부분의 사람은 흘려 버리고 말지만, 이따금 얽매여 있는 사람도 있다'고요. 저는 얽매였나 봅니다 (웃음). 색다른 경험에 매달리는 타입인지라.

고이데 　매달리고 매달려서 오늘까지 이르신 거군요(웃음). 그 덕분에 정말 귀중한 이야기를 들을 수 있었습니다. 오늘 인터뷰에 응해 주셔서 감사합니다.

01 고토 사야카(後藤サヤカ) 감독의 다큐멘터리 영화(2015). 여섯 스님의 삶을 그렸다.

02 노구치 하루치카(野口 晴哉, 1911-1976)가 1940년대에 개발한 교정법. 활원운동, 윤기법, 몸습관론으로 구성된다.

03 하쿠인 에카쿠(白隱慧鶴, 1686-1769). 임제종의 선조로 일컬어지는 에도 중기의 선승. 공안체계를 확립했다.

04 임제종에서 스승이 수행자의 근기에 맞게 그때그때 제시하는 과제로 화두나 공안을 뜻한다. 기관을 통해 깨달음을 얻는 수행법을 기관선(機關禪)이라고 한다.

05 반케이 요타쿠(盤珪永琢, 1622-1693). 에도 시대 전기의 임제종 스님. 불생선을 제창했으며 자상한 말투로 명성 있는 사람부터 서민에 이르기까지 두루두루 부처님 설법을 전파했다.

06 우치야마 코쇼(內山興正, 1912-1998). 조동종 스님. 안타이지(安泰寺) 제6대 주지. 후지타 잇쇼의 스승의 스승에 해당한다.

07 가와이 하야오(河合隼雄, 1928-2007). 심리학자. 문화공로자. 전 문화청 장관. 일본 융과 심리학의 제일인자.

제
2
장

꿈이었음을
깨달았다면
그 꿈을 즐겨라

요코타 난레이 橫田南嶺

임제종(臨濟宗) 엔카쿠지파(円覚寺派) 관장. 1964년 와카야마현(和歌山県)에서 태어났다. 쓰쿠바대학교(筑波大学) 재학 중 출가해 졸업과 동시에 교토 겐닌지(建仁寺) 승당에서 수행을 시작했다. 1991년 엔카쿠지 승당에서 수행했으며, 1999년 같은 절에서 승당의 책임 지도자(師家)를 맡았다. 2010년 임제종 엔카쿠지파 관장으로 취임했다. 저서로《기도의 연명십구관음경(祈りの延命十句観音経)》,《참선 명승에게 배우는 삶의 지혜(禅の名僧に学ぶ生き方の知恵)》등이 있다.

아무것도 깨달을 것이 없음을 아는 게
바로 깨달음

고이데 〈열려라! 깨달음이여!〉라는 꽤 거창한 기획으로 자리를 마련하게 되었습니다. 깨달음이라고 하면, 저처럼 평범한 사람한테는 왠지 먼 이야기처럼 들린다고 할까요. 상상하기 어려운 부분이 있어요. 하지만 사실 깨달음이란 게 모든 것의 중심에 있지 않나, 진정한 생명이라는 것을 유지하기 위해서 깨달음이란 피해 갈 수 없는 주제가 아닌가 하는 생각을 해 왔습니다. 오늘은 요코타 스님에게 이 부분에 관해 허심탄회하게, 에돌려 표현하지 않고 여쭙고 싶습니다.

요코타 허허. 제가 '깨닫지 못하는 자'를 대표하는 인물인데 어쩌죠. 깨달음에 관해서라면 고이데 씨가 훨씬 많이 알고 있을 겁니다.

고이데 갑자기 말도 안 되는 말씀을(웃음).

요코타 아니, 진짜예요. 저는 고이데 씨 블로그의 팬입니다. 참 재밌어요. 좋은 글이 많이 실려 있어서요. 본질을 꿰뚫는다고 할까요. 개성적인 표현을 쓰면서도 알기 쉽게 적었더라고요. 마음에

드는 문장은 골라서 퍼 담고 있답니다.

고이데 감사합니다. 몸 둘 바를 모르겠네요.

요코타 그래도 블로그에 실린 글만으로는 기삿거리가 되지 않을 테니, 이야기를 시작해 볼까요(웃음).

고이데 네, 잘 부탁드려요.

요코타 《전심법요》에 관해 들은 적이 있는지 모르겠네요. 중국 당나라 때 선승 황벽희운(黃檗希運)의 가르침을 기록한 법어집인데, 꽤 재미있어요. 거기에 이런 내용이 적혀 있습니다. "모든 것은 불심이라는 마음 하나. 불심 외의 것은 아무런 가치가 없다. 그와 다른 것은 아무것도 존재하지 않는다. 그러니 수행했다고 해서 뛰어날 것도 없다. 게으르다고 해서 뒤지는 것도 아니다. 그것들은 현상으로 나타난 형태일 뿐 결국은 '방황'이다. 이 세상에서 아무것도 깨달을 것이 없음을 아는 게 바로 깨달음이다"라고요.

고이데 아무것도 깨달을 것이 없음을 아는 게 깨달음이군요.

요코타 좋은 말이죠? 딱 맞잖아요. 그런데 인간은 "내가 알아냈어!" 하고 말하고 싶어 입이 근질거린단 말이죠. 불교 세계에서조차 깨달았다, 깨닫지 못한다는 것으로 핏대를 세우고요. 좌선의 나쁜 점이 이거예요. 웃자고 하는 얘기지만, 엔카쿠지(円覚寺)에도 좌선 모임이 여럿 있는데 내부 사람들끼리 "저 좌선 모임은 느슨해서 별 이득이 없어"라는 말을 해요. 자기는 절에 기거하면서 좌선하고 있으니까 한 단계 위라고 생각하는 거죠. 스님들이 기거하는 승당에서 수행하고 노주지와 일대일로 가르침을 받다 보니 부처 같은 깨달음이라도 얻은 줄 알더라고요. 그러면서 생각나는 대로 내뱉는 거죠. 그러면 이미 본질에서 벗어난 거예요. 그런 곳에만 희열을 느끼니 말입니다. 오늘도 참선하는 사람들한테 말했습니다. 그런 게 아니다. 우리는 모두 함께 커다란 기차에 타고 있는 것과 같다. 열심히 앞을 향해 나아가서 제일 앞 차량의 제일 앞에 타고 있건, 뒤 차량에서 빈둥거리고 있건 같은 시간에 같은 역에 도착하게 되어 있다. 열심히 땀 흘리고 있다고 해서 거드름 피울 것도 없고, 멍하니 있다고 해서 열등감에 사로잡힐 필요도 없다고 말이죠. 하지만 인간인지라 열심히 하다 보면 착각해 버리는가 봅니다. 내가 이렇게 고생하고 있으니까 이 기차가 달리고 있는 거라고요. 그렇게 믿어 버리는 거죠. 그 부분이 어긋났어요. 뭐, 저도 이제야 알았지만요(웃음). 저도 지금까지 꽤나 착각 속에 살았습니다.

요
코
타
난
레
이

고이데　기차에 비유하니 아주 쉽게 와 닿네요. 저도 오늘 가마쿠라에 오기 전까지 무엇을 어떤 순서로 어떻게 물어볼까, 저렇게 해볼까, 이런 식으로 접근할까 하고 기차 안에서 머리를 쥐어짜고 있었거든요. 그런데 주위를 둘러보니 사람들이 다 자고 있지 뭐예요(웃음). 새벽같이 일어나서 가뜩이나 피곤한데 옆자리 아저씨는 거하게 코까지 골지 않나…… '아, 시끄러워 미치겠네! 일하는 사람 생각도 안 하나!' 이렇게 원망했어요. 그런데 열심히 일하건 자건 결국 모두 같은 시간에 같은 역에 도착했잖아요(웃음). 반성하겠습니다.

깨닫지 못해도 좋다는
태도로 살기

요코타　열심히 일하다 보면 자고 있는 인간이 쓰레기처럼 보이긴 하죠(웃음). 하지만 그렇게 생각하면 지는 거예요. 자고 싶으면 자면 됩니다. 일어나고 싶으면 일어나면 되고요. 그런데 자기가 일어나 있다고 해서 자고 있는 인간을 무시하면 안 되죠.

고이데　정말이에요. 누군가를 헐뜯고, '저러면 안 되잖아'라고 생각하기 시작하면 무엇이 중요하고 덜 중요한지 뒤죽박죽이 돼요. 심지어 부처의 가르침을 방패로 사람을 공격하게 되면 그건 뭐…….

요코타 바로 그거예요. 결국은 실수를 저지르는 곳이 그 지점이죠. 가르침이나 수행을 하다 보면 그것이 집착으로 변질되기도 하거든요. 가르침이 부질없어지고, 신앙이 무너지거나 수행이 도로아미타불이 되죠. 그래서 어려운 거예요. 그러니 너무 깨달으려고 하지 않아도 된다고 속 편하게 생각하는 게 좋지 않나 싶어요(웃음).

고이데 그렇게 생각할 수만 있다면 제일 좋은데 말이죠(웃음).

요코타 이런 말이 있어요. '번개를 보고도 알아차리지 못하는 인간의 고귀함이여.' 좋은 말 같지 않아요? 좌선을 하고 있으면 말이죠. 번개가 쳤다고 하면 '깨달음을 얻어야 해!' 하고 어깨에 힘이 들어갈 때가 있어요. 천둥소리를 듣고 깨달은 사람이 있다 보니 너도나도 그렇게 해야 한다는 강박이 생겨 버린 거겠죠. 그런 착각이 옳지 않다는 말이에요. '번개를 보고도 알아차리지 못하는 인간의 고귀함이여.' 깨닫지 않은 사람도 고귀하지 않은가. 이런 관점으로 보자는 거죠. 그렇게 마음을 다스리는 게 훨씬 낫다고 봐요.

고이데 편안한 느낌이 오히려 멋있네요.

요코타 이렇게 말하는 저도 자주 그릇된 행동을 합니다. 얼마 전에 미야기현에 있는 마쓰시마까지 강연을 하러 갔는데 미야기와 후쿠시마 주민 700명 정도가 모였어요. 그 사람들에게 법문하는 큰 행사였죠. 그러다 보니까 생각을 안 할 수가 없더라고요. 대규모 지진과 쓰나미, 원자력발전소 폭발로 피해를 본 지역 주민들에게 무슨 말을 전해야 할까, 어떤 말을 해 줄까 하고요. 그런데 그 시점에서 틀린 거였어요. 피해 지역의 불쌍한 사람들에게 내가 무언가를 해 주려는 마음, 이게 잘못된 거예요. 그런데 몰랐던 거죠. 큰맘먹고 도호쿠 지방을 방문하니까 좋은 이야기를 해 주어야 해. 무슨 말을 해야 하나…… 이런저런 고민을 하면서 복잡한 심경으로 갔는데 법회가 끝난 순간 깨달았습니다. 입장이 바뀌었구나! 여러 지역에서 이야기를 했지만, 도호쿠의 주민들 반응은 상당히 말하기 쉽다고 해야 할까요. 열심히 들어 준다고 해야 할까요. 완전히 분위기가 다른 거예요. 그 사람들은 슬픈 일을 겪었잖아요. 그러니까 다른 사람에게만큼은 슬픔을 주지 않으려는 마음이 자연스레 피어난 게 아닐까 싶더라고요.

고이데 아아…….

요코타 그곳 사람들 입장에서는 가마쿠라에서 일부러 스님이 와 주시니까 경청해야지 하는 생각으로 열심히 들어 준 겁니다. 그 마음을 내가 받았다는 생각을 했어요. 정말 감사한 일이구나. 나는 이 사람들에게 무언가 해 주려고 생각했는데, 그게 잘못된 거였음을 느꼈죠. 이 부분이 어려운 점입니다. 나도 모르는 사이 잘못된 생각을 품게 되는 거요.

고이데 거듭 반성하게 되네요.

인간의 마음은
늘 실수를 범한다

요코타 며칠 전에도 피해 지역의 청년이 이런 질문을 하더군요. 최근 어느 절에 갔는데 본당으로 안내를 받아서 따라갔더니 '동일본 재해 피해자 위례'라고 적힌 커다란 위패가 놓여 있더래요. 그 절의 스님이 "동일본 재해 때문에 돌아가신 분들을 위해 이렇게 날마다 향을 피우고 기도를 드립니다"라는 말을 했다고 해요. 그런데 이 청년은 그 마음을 순수하게 받아들이지 못했던 겁니다. 위화감을 느꼈다더군요. '이렇게 멀리 떨어진 곳에서 위패를 만들어 기도할 거면, 차라리 피해 지역을 찾아 주지 그랬나'라는 생각을 했대요. 왜 그런 위화감이 생긴 건지, 위화감을 가진 자신이 나쁜 마음을 소유한 건지 걱정스러웠나 봅니다.

고이데   흠, 어려운 질문인데요.

요코타   제게도 아주 큰 숙제였습니다. 그 자리에서는 "네 마음은 잘 알겠지만, 모든 사람이 피해 지역을 방문하면 그곳이 마비가 될 수도 있으니까 먼 곳에서 기도하는 것도 의미가 있지 않겠니? 기도하는 마음은 멀리서도 큰 힘이 될 거야" 하고 얘기해 주긴 했습니다. 더 이상 해 줄 얘기가 없더군요. 그런데 청년이 남기고 간 질문이 내내 목에 가시처럼 걸렸어요. 줄곧 이도 저도 아닌 상념에만 잡혀 있다가 문득 깨달았습니다. 기도가 중요하긴 하지만, 그 기도에 '내가 기도해 주고 있어', '나는 이렇게 당신을 위해 기도하고 있어'라고 하는 마음, 내가 해 주고 있다는 오만함이 들어 있는 겁니다. 청년은 그 마음에 반응해 버린 거예요. 인간이라면 누구나 갖게 마련인 배려와 이해겠지만, 그 청년은 섬세했던 거죠. 기도해 주고 있다, 위패를 모셔 두었다는 마음과 '미안해. 사실 가고 싶었지만 나는 가지 못했어. 여기에서 이렇게 기도밖에 하지 못해서 미안해. 정말 미안해'라는 마음은 엄연히 다르잖아요. 엄청난 차이가 있죠. 그런 생각이 들더군요.

고이데   자비의 본질은 베푸는 자와 받는 자의 구별이 사라진 곳에 저절로 재촉하듯 나타나는지도 모르겠어요. 도덕적인 당연과 의무로 하는 게 아니고요. 하지만 해 주자, 해 주었다 같은 마음을 없애기는 역시 힘든 일 같아요.

요코타   저도 배우는 과정이긴 하지만, 늘 실수를 저지르는걸요. 그렇게 해서는 안 된다고 입에 침이 마르도록 말하고 다니면서 말이죠. 인간의 마음이란 예측 불가입니다. 늘 실수를 저지르는 게 인간이라는 사실을 이제야 깨달았지 뭡니까(웃음).

고이데   인간의 마음은 늘 실수를 범하는 법이군요. 가슴에 새겨 두겠습니다.

> 파도를 걷어 내고
> 물을 취한다

요코타   결국은 마음의 문제예요. 하지만 마음이란 단어가 경전이나 어록에 여러 의미로 사용되고 있으니까 헷갈리는 거죠. 불심이라고도 하는데, 마음이 부처라고 아무리 떠들어도 대체 어떤 마음이 부처냐고 따지고 싶어질 거예요.

고이데 맞아요. 따지고 싶어요(웃음).

요코타 그렇죠? 그럼 예를 들어 볼까요. 여기에 물 한 잔이 있다고 합시다. 이 물을 마른 화분에 부어 주면 그것은 자비겠죠. 이야기하는 상대에게 끼얹으면 분쟁의 씨앗이 되고요. 우리는 현상만 보고 이쪽은 자비의 물, 저쪽은 분쟁의 물이라고 규정지어 버립니다. 하지만 냉정하게 분석하면 물의 본질은 전혀 바뀌지 않았어요. 그것을 알면 문제는 사라질 겁니다.

고이데 그렇군요.

요코타 우리 마음에는 매 순간 여러 감정이 소용돌이치고 있어요. 하지만 감정을 모두 비우면 부처가 될 수 있느냐. 그건 또 아니란 말입니다. 물벼락을 맞아 짜증이 났다고 해서 물 따위 필요 없다고 할 수는 없잖아요. 단지 그것이 물이었음을 알면 되는 거예요. 마찬가지로 좋고 싫음 같은 다양한 감정도 자세히 보면 모두 같은 불심에서 나왔음을 알면 문제는 사라져요. 수행을 하려면 우선 그 과정을 거쳐야 합니다. 그게 되면 이번에는 물의 사용법을 공부하자, 이렇게 넘어갑니다.

고이데 호오, 그렇군요.

요코타 같은 물이라도 말라 버려서 물이 필요한 곳에 주면 딱 좋은데, 얼마 전에 준 곳에 또 준다면 식물을 죽여 버리는 꼴이잖아요. 가르침도 마찬가지예요. 그다지 원하지도 않는데 닥치는 대로 퍼부어 보았자 달라지지 않거든요. 어떤 상황인지, 어떤 상태인지 냉정하게 관찰한 다음에 마음을 어떻게 써야 만사가 원만하게 흘러갈지 배우는 과정이 수행이 아닐까 생각합니다. '파도를 걷어 내고 물을 취한다'라고 하잖아요. 굳이 파도(감정)를 걷어 낼 필요는 없어요. 파도도 같은 물(불심)이라는 것을 알면 돼요. 물을 쓰려면 수도를 끌어서 수도꼭지에서 물이 나오도록 하면 문제없는 거죠.

고이데 스님 예는 알기 쉬워서 좋네요.

요코타 마음은 커다란 힘을 갖고 있습니다. 그래서 더욱 다스리기 어렵죠.

같은 물이라도 말라 버려서

물이 필요한 곳에 주면 딱 좋은데,

얼마 전에 준 곳에 또 준다면

식물을 죽여 버리는 꼴이잖아요.

가르침도 마찬가지예요.

자비는 곧 이해다

고이데 사람들이 왜 좌선에 흥미를 가질까요? '부정적인 감정에서 자유로워지고 싶다. 좌선을 하면 그런 일이 가능해지지 않을까'라는 과한 기대감 때문이 아닐까요? 하지만 아무리 오랜 세월 좌선을 했어도 슬픔이나 분노는 어느 틈엔가 비집고 올라오는 것 같아요.

요코타 올라오죠. 그래서 좌선에 평생을 바친 노인들도 화를 곧잘 냅니다(웃음). 자기감정을 제어하기는 상당히 어려워요. 활활 타오르고 있는 불을 어떻게든 꺼 보려고 이리저리 날뛰는 꼴이니까요. 하지만 상대가 어떤 상황인지 이해할 수 있으면 대부분 바뀐다고 봅니다.

고이데 상대의 상황을 이해한다는 건 좀 전에 말씀하신 수도를 끌어오는 것 같은 일이겠네요.

요코타 그런 거죠. 거칠고 불친절하게 상대를 대하는 사람이 있잖아요. 그런데 그 사람에 관해 이해하고 보면, 무언가 내적으로 문제가 있어서 외로운 사람이기도 하거든요. 자기 뜻대로 일이 흘러

가지는 않는데, 자기 존재를 더 알리고 싶고 어필하고 싶은 거죠. 그런 쓸쓸함을 떨쳐 내려다 보니 과격한 행동으로 나타나는 건 아닐까요. 이런 사정을 알면 '어쩔 수 없겠구나' 하고 생각하게 됩니다. 대개는 이유가 있더라고요. 우리에게는 한쪽 면밖에 보이지 않잖아요. 자기 쪽으로 향해 있는 모습만 보이죠. 하지만 시야를 넓히면 가려졌던 부분이 보입니다. 절에서도 노스님과 젊은 스님 사이에서 말썽이 많이 일어나요. 노스님은 젊은 스님에게 잔소리만 해 대고 젊은 스님은 귀찮아하죠. 하지만 노스님 입장에서 생각해 보면 자기 힘이 점점 약해지는 게 불안하거든요. 절도 갈수록 젊은 스님 중심으로 돌아가고요. 그러면 쓸쓸해지죠. 그래서 좀 더 자기 존재를 인정해 주기를 바라니까 주절주절 이야기하는 거라고 생각하면 '참아 주자. 들어 주자' 이렇게 됩니다. 그러면 대개 원만하게 해결되죠.

고이데 저도 새겨 두어야겠어요.

요코타 자기감정을 제어하기는 어려워요. 막으려 할수록 불타오르죠. 그러니 다른 입장에도 서 보고 '저 사람도 힘들겠구나'라는 생각을 갖는 거예요. 상대의 사정을 알면 고통스럽지 않습니다. 그런 일도 있지 않겠어요? 아까 고이데 씨가 자비라는 표현을 썼는데요. 아사히나 소겐[01] 노스님이 지은 책에 "자비는 이해입니다"라는 표현이 적혀 있어요. 저도 처음에는 무슨 말인지 몰랐죠. 이해심이 어떻게 자비가 되는지. 그런데 어느 날 문득 '깊은 뜻이 있구나' 하고 갑자기 알게 되었어요.

고이데 자비가 곧 이해라……. 정말 깊은 뜻이 담긴 말이네요. 지금 이야기를 들으면서 이해의 바탕에 깔린 생각은 무얼까 생각했는데요. 어쩌면 '저 사람도 힘들겠구나'라는 생각이 자기 안으로 스윽 들어와 이미 나와 상대 사이에 구별이 사라져 버리는 것이 아닐까요. 애초에 구별 같은 건 없었다고 무의식중에 깨닫는 거죠.

요코타 그 말이 딱 맞아요. 사람과 사람은 근본적으로 연결되어 있어요. 불교 용어 중에 동근성(同根性)이라는 게 있습니다. 한 뿌리라는 뜻이죠. 뿌리가 같으니까 서로 연결되어 이해라는 게 생겨나는 건가 봅니다.

> 우리의 뿌리는
> 하나다

요코타 싫어하는 상대라고 해서 절대로 이질적인 사람이 아닙니다. 다른 종자의 생물이 아니란 얘기죠. 누군가에게 분노가 치밀어 오를 때는 상대가 자기와 같은 존재라고 인정하기 어렵지만, 뿌리는 분명 하나입니다. 저는 자주 죽순 이야기를 하는데요. 봄이 되면 여기저기에 죽순이 뾰족 솟아나잖아요. 그것도 뿌리는 하나입니다.

고이데 땅속에서는 모두 연결되어 있네요.

요코타 그런 거죠. 우리는 죽순이 땅 위로 솟은 부분만 보고 사니까, 내가 곧 당신이며 당신이 바로 나라는 말을 들어도 이해하지 못하는 겁니다. 하지만 원래는 이어져 있어요. 저도 수행을 쌓을수록 연결되어 있다는 게 보이기 시작했어요. 처음에는 아주 조금 죽순의 제일 윗부분밖에 보이지 않았지만, 수행을 거듭할수록 모든 게 이어져 존재하고 있다는 걸 알게 되었습니다.

고이데 모든 것이 연결되어 존재하고 있다는 말씀이군요.

요코타 불교의 화엄이라는 가르침이 바로 그거예요. 온갖 사물이 망처럼 얼기설기 이어져 있다는 거죠. 이 세상은 하나하나가 서로 이어져 커다란 덩어리가 되고 실로 절묘하게 조화를 이루어요. 각기 떨어져 있지 않아요. 그렇다고 해서 모두 통일할 필요는 없습니다. 각자 서로 이어 주고 있으니까요. 이것이 《화엄경》에서 말하는 세계관이에요. 그걸 알면 자기가 속한 그물망 안에서, 자신이 놓인 처지에서 할 수 있는 일을 다 하면서 주변에 영향을 주면 됩니다. 그렇게 존재하는 하나의 빛은 전체를 비추고, 하나의 그물망은 전체를 조여 주는 힘이 있다는 거죠.

고이데 굉장히 아름다운 세계관이네요. 하지만 아름답기만 한 게 아니라 정말로 실재하는 현상이고 문자 그대로 근원적인 얘기잖아요.

요코타 근본 중의 근본입니다. 나오키상 수상 작가 시바 료타로(司馬 遼太郞)도 화엄에 관해 썼어요. 《열여섯 가지 이야기(十六の話)》라는 책이 있는데, 그곳에 화엄에서 가르치는 진수를 정말 자세하게 풀어 주었죠. 짧은 글 속에 가르침이 들어 있어 참고할 만합니다.

고이데 《열여섯 가지 이야기》라고요. 꼭 읽어 볼게요.

커다란 조화 속에
살아 숨 쉬는 존재들

요코타 일즉다 다즉일(一卽多 多卽一). 어느 하나 고립되지 않았다는, 모든 것이 서로 맞물려 있고 그것이 찬란하게 빛나는 상태를 뜻합니다. 이 화엄의 세계관을 시인 사카무라 신민[02]은 '대우주 대화락(大宇宙大和樂)'이라고 표현했어요. 이 말은 어느 세상이든지 하나의 세계관으로 통한다고 봅니다. 저는 평소에 유전자를 연구하는 무라카미 가즈오[03] 선생님을 자주 만나러 가는데, 선생님은 유전자 하나하나가 절묘하게 조화를 이루며 작용하고 있음을 'Something Great'이라고 표현합니다. 무언가 위대한 힘이 작용하고 있다고 말이죠. 모 우주물리학 교수도 '이 우주란 실로 훌륭한 조화의 집합체'라고 말합니다.

고이데 다들 같은 말씀을 하시는군요.

요코타 시인 사카무라는 다른 유전자를 연구한 것도 아니고 우주물리학을 배우지도 않았습니다. 단지 들에 피는 꽃을 보면서, 지저귀는 새소리를 들으면서, 날마다 솟아오르는 해와 밤이면 떠 있는 달과 별들을 보면서, 바람을 느끼면서, 이 세상에 홀로 존재하는 것은 없으며 전체가 서로 맞물려 커다란 조화 속에 숨 쉬고 있다고 몸소 느낀 겁니다. 구마모토에 있는 신사에는 '대우주대화신(大宇宙大和神)'이라는 신을 모셔 두고 있습니다. 그 신은 인간끼리 티격태격하면 우주에 금이 간다고 말합니다. 사카무라는 한 사람 한 사람의 정신 역시 망처럼 전체에 커다란 영향을 미친다는 이야기에 감동했고, 대우주대화신이라는 말에서 차용해 대우주대화락이라는 표현을 쓰기 시작했습니다. 여든을 넘긴 나이에 말입니다.

고이데 아름다운 이야기네요.

요코타 그런데 사카무라는 이렇게 말합니다. 요즘 사람들을 보면 해가 솟아오르는데도 마음이 동하는 사람이 없다고요. 달이 모습을 감추는데도 올려다보는 사람이 없고, 바람을 느끼는 사람도 없다고 말합니다. 맞는 말 같아요. 젊은이들에게 이 얘기를 했더니, 그러고 보니 해가 뜨는 걸 본 적이 없다고 하더군요. 그렇게 놀랄 일은 아니구나 싶었죠. 자연의 이치를 눈치채지 못하니 점점 세상과 연결된 끈이 안 보이기 시작했나 봅니다. 그러다 결국에는 스스로 연결을 끊어 버리고 자기 방안에 틀어박혀 버리는 거죠. 생명이란 여기 존재하는 자기 몸과 마음이 전부라고만 생각해 버리는…… 참 슬픈 일입니다. 마음을 열면 연결이란 것이 저절로 보일 텐데 말이죠. 아침 햇살이 떠오르지 않으면 생명도 존재하지 못하잖아요. 안 그래요? 아침 해가 오르지 않으면 삶도 없어요. 공기가 없으면, 바람이 불지 않으면, 그 사람이 없으면 생명은 없다고요. 그렇게 생각하다 보면 자아가 스르륵 열리고, 그곳에서 '살아보자'라는 에너지가 나오는 게 아닌가요? 지금 세상 사람들은 그런 연결을 끊어 버리기 위해 사는 것처럼 보입니다. 점점 고립되는 거죠. 안타까운 이야기 아닌가요.

고이데 살갖이 감싸고 있는 부분만 '나'라고 생각해 버리면, 정말 착각이죠. 그 한정된 시점에서 세계를 보면 모든 것이 갈기갈기 찢겨 나간 것처럼 보이잖아요. 어쩌면 그렇게 찢어져 있다는 착각 속에 모든 분쟁의 씨앗이 들었는지도 모르겠어요.

요코타 갈기갈기 찢긴 세계에서는 비교해야 할 것들밖에 남지 않으니까요. 나와 저 사람을 비교하고, 저 사람과 이 사람을 비교하죠. 그런 곳에서 증오나 질투가 생겨나고, 싸움으로 번지지 않겠어요?

고이데 '와우각상의 싸움(蝸牛角上の争い)'이라는 속담이 있는데요.

스님도 전에 출간하신 책에서 무소 소세키[04] 국사의 말을 인용하셨고요. 이 말은 한 마리 달팽이가 자기 머리에 붙은 한 쌍의 더듬이로 싸우다 제풀에 지쳐 버리는 상황을 가리키는 말이잖아요. 일전에 프랑스에서 테러가 발생했다는 뉴스를 보면서 그 말이 먼저 떠오르더라고요.

요코타 무소 국사는 일본에서 일어나는 분쟁을 염려해 한 말이니까, 더욱 와 닿긴 해요. 지금 얼마나 글로벌한 세상입니까. 이슬람이건 프랑스이건 어디나 별반 다르지 않겠죠. 왜 그렇게들 분리해 버리는 걸까요? 분리되어 있다는 건 인간의 머릿속에서만 존재하는 현상입니다. 환상이죠. 실제로는 그런 구별 따위 어디에도 없어요. 아까 얘기한 사카무라 선생님은 돌아가시기 전에 "다음 생에는 새로 태어나고 싶다. 국경도 없이 마음껏 날아다닐 수 있는 새로"라는 말을 남겼습니다. 얼마나 멋진 세계관이에요. 새가 그렇잖아요. 새들에게는 정지 신호도 없고 국경도 없으니까요. 인간도 원래는 모두 국경 없는 세계에 살고 있었습니다. 경계선이란 말은 지어낸 표현입니다. 이곳과 이곳에서 나누고, 또 여기와 여기를 가르고, 사상이나 종교까지 나누어 버렸잖아요. 종파니 뭐니 하는 얘기가 나오고(웃음). 우리도 그렇지만 이쪽 파, 저쪽 파로 나뉘어 버려서 점점 본질에서 멀어지고 있으니 비극입니다.

고이데 네, 맞아요.

모든 것은
부처 마음에서 비롯된 것

고이데 말씀을 듣다가 문득 떠올랐는데요. 스님이 자주 말씀하시는 '불생의 불심'이라는 표현 말이에요.

요코타 반케이 선사가 남긴 말인데요. 불생의 불심, 이것으로 모든 것이 정리됩니다. 불교의 본질 중에서도 본질입니다.

고이데 원래는 정신을 비롯한 모든 것이 하나로 이어져 있다는, 모든 것이 연결된 부처의 마음임을 나타낸 표현이죠. 그곳에는 아무런 구별이나 경계 따위가 없다고 하죠.

요코타 모든 것은 부처의 마음 안에 있어요. 그것으로 모든 것이 해결됩니다. 이것은 궁극의 진리라고 할 수 있어요. 아무것도 생겨나지 않았다, 이미 오래전부터 그 안에 존재하고 있었다, 부처의 마음속에서 비롯된 것이라는 말이죠. 그것이 불생의 불심이라는 말로 집약된 겁니다. 이 말은 본질 중의 본질을 정통으로 꿰뚫고 있어요.

고이데   아까도 말씀하셨지만, 마음이라는 표현도 어려워요. 우리는 마음이라는 표현을 들으면 내 안에 있는, 내 머리와 몸 안에서 일어난 생각이나 감정, 이런 것만 유일하다고 생각하잖아요. 진정한 마음, 불심이란 것은 그렇게 좁은 의미가 아니고 문자 그대로 모든 것에 열려 있으니…….

요코타   그야말로 모든 것이 불심이죠.

고이데   한 사람 한 사람이 그 진실을 깨닫는다면 얼마나 좋을까요? 처음부터 모든 것이 하나로 이어져 있다는 사실을 깨달을 수 있다면 아마도 모든 대립이 사라지겠죠?

요코타   그렇겠죠.

> 좌선은
> 안락하고 즐거운 것

요코타   연결하니까 생각났는데, 이번 기획에서 후지타 잇쇼 스님

요코타 난레이

을 먼저 만나셨죠? 저도 후지타 스님이 쓴 《현대좌선강의(現代坐禪講義 - 只管打坐への道)》를 읽어 봤거든요. 눈이 번쩍 뜨였어요. 경이로운 책입니다. 내용 중에 '좌선 아닌 좌선이 있다'라는 표현이 있잖아요. 그걸 읽고 '나는 지금까지 제대로 좌선을 하지 않았구나. 커다란 실수를 저질렀구나' 하고 정신이 번쩍 들더라고요. 정말로요. 고개가 절로 숙여졌습니다. 우리가 해 온 좌선은 잘못된 방식의 표본이라고 할 수 있어요. 깨달음이 뭐냐고 굳이 묻는다면, 실수를 눈치채는 것이라고 할까요. 새로운 발견이란 감격스러운 일이죠. 지금까지 꽤 오랜 기간 좌선을 해 왔어도, 역시 좌선이란 쉬운 일이 아니라는 걸 느꼈습니다. 그래도 요즘에는 조금 편해졌습니다. 좌선이 안락이라는 것에 조금 다가갔다는 느낌이 들어요.

고이데 안락이라고요?

요코타 후지타 스님 책에는 자연스러운 기지개에 관해 쓰여 있는데요. 흔히 좌선에서 중요한 것은 허리에 힘을 주고 평정을 유지하는 것이라고 말하잖아요? 그런데 하다 보면 힘이 너무 들어가 버리거든요. 온몸이 찌뿌둥해지죠. 저도 지금은 비교적 긴장의 끈을 놓고 살지만, 과거에는 서 있을 때도 아랫배에 힘을 잔뜩 집어

넣고 있었어요. 가마쿠라에서 도쿄까지 가는 기차 안에서 선 채로 아랫배에 힘을 바짝 주고 있으면 허리 아래가 마비되어 걷기도 힘들었죠. 저리고 감각이 없어요. 제 딴에는 '집중했다는 증거다. 좋은 징조다' 정도로 생각했는데, 착각이었던 거죠. 힘을 너무 주었던 겁니다. 계속했다면 신경이 끊어졌을 거예요. 책 속에는 달걀이 서 있는 사진이 실렸는데, 달걀이 서듯 자연스럽게 허리가 펴지도록 힘을 주라는 뜻이라는 걸 덕분에 알았어요.

고이데   그러셨군요. 아주 자연스러운 자세로 좌선을 하다 보면 안락이라는 말의 참뜻을 알게 된다는 말씀이신데요. 안락 속에 있다는 건 어떤 감각일까요? 그때 무슨 일이 일어나거나 하나요?

요코타   딱히 아무 일도 일어나지 않아요. 아무 일도 없지만 뭐랄까, 이걸로 됐구나 하고 실감은 하는 것 같습니다. 단지 그것뿐이에요. 이걸로 족하다. 그 외에 달리 표현하기는 어렵네요. 전에는 무리했습니다. 억지가 들어 있다는 걸 알았어요. 좌선이란 게 억지스러움을 강요하는 면이 있기는 하지만요(웃음). 하지만 무리하면 오래가지 못하잖아요. 그걸 알고 좌선에 관해서 조금만 공부하면 '그렇구나' 하고 재미를 발견할 겁니다. 좌선은 즐거운 거예요. 최근에 그런 생각이 들었어요.

요코타 난레이

고이데　좌선이 즐거우시다고요?

요코타　재밌다고 깨닫기까지 30~40년은 걸렸네요. 효율이 너무 떨어지나요(웃음)? 역시 후지타 스님처럼 좀 더 현명한 지도 방법이 필요하겠죠?

손에서 내주기 위해서는
세게 한번 움켜쥐어야 한다

요코타　물론 억지스러운 좌선이 아예 의미가 없는 건 아니라서, 젊을 때 체력이나 기력이 남아도는데 무리하지 말고 좌선을 하라고 하면 쓸데없는 생각을 하다가 결국 탈선해 버립니다. 그런 사람을 잡아 두기 위해서라도 무리와 억지가 필요할 때가 있긴 해요. 하지만 오래가지 못해요.

고이데　그런 시기가 필요하다는 말씀은 살짝 알 것도 같아요. 내 손에서 떠나보낸다는 말을 여기저기서 쓰더라고요. 손에서 내주기 위해서는 한번 움켜쥐지 않으면 안 된다고요. 원래 손안에 없는 것을 내줄 수는 없으니까요.

요코타　그렇죠. 내주지 않으려고 아등바등하던 사람이 비로소 손바닥을 펴는 거니까요. 처음부터 아무것도 하지 않으면 내줄 게 없죠. 그래서 수행을 할 때는 무사(無事)라는 말을 씁니다. 임제종에서 가장 중요하게 여기는 키워드죠. 임제선사라는 사람은 '무사란 욕심이 가라앉은 때를 말한다'라고 합니다. 하지만 아직 욕심이 생기지도 않은 사람한테 욕심부릴 필요 없다고 말하는 건 무의미하죠. 임제선사는 욕심을 부리고 부리다가 끝까지 갔을 때를 전제로 더 이상 욕심부릴 필요가 없다고 한 겁니다. 그러니 처음에는 욕심부려야죠. 줄기차게 부리다가 '아무것도 요구해서는 안 돼. 모두 같은 기차 안에 있잖아. 긴 기차를 타고 있었던 거야'라고 깨달으면 되는 겁니다.

고이데　예를 들면 여기에 펜이 있는데요. 이것을 움켜쥐고 있는 힘을 모두 쏟아붓다 보면 문득 '됐어. 손 아프다. 아, 힘 빠져' 하는 생각이 들잖아요. 그러면 자연스레 손에서 힘을 빼게 되고요. 이게 아마 여러 상황에도 적용되는 것 같아요. 저도 조금 전까지 꽉 움켜쥐고 도저히 힘을 빼지 못하는 게 있었습니다. 그게 뭐냐고 물어보면 바로 '나'라고 대답할 수밖에 없을 거예요. 그런데 갑자기 힘이 빠지더라고요. 손에서 내려놓자고 마음먹지 않았는데도 자연스럽게 손에서 벗어난 감각을 느꼈어요. 아직 완전히 내주지는

요코타 난레이

못했지만요(웃음).

요코타 그런 거예요. 억지로 손에서 떠나보내려고 한들 어렵죠. 수행 지도를 할 때도 중요한 것에는 줄곧 지켜만 보고 손을 뻗지 말라고 합니다. 도움을 준다고 해서 친절한 것은 아니죠. 가만히 남의 일처럼 지켜보기만 하는 일도 어려워요. 불쑥불쑥 무슨 말이라도 해 주지 않으면 안 될 것 같은 조바심이 들기도 하지만, 그 사람을 위하는 게 아니라는 겁니다. 본인이 스스로 깨닫지 않으면 손에서 내주지 못하는 거니까요.

> 우리는 한순간도
> 현재에서 멀어진 적이 없다

고이데 힘이 들어간다는 말씀에 생각났는데요. 하쿠인 에카쿠 선사의 스승인 도쿄 에탄(道鏡慧端) 선사가 남긴 말 중에 "중요하다 함은 단지 지금의 마음일 뿐이다"라는 말이 있잖아요. 스님의 책을 읽고 알게 된 표현인데, 이 말이 본질 중의 본질을 말하는 게 아닌가 해요. 아차, 제가 워낙 미숙한 인간인지라 선사의 말조차 멋대로 해석해서 허세 부릴 구실을 만들어 버렸네요.

요코타 허세의 구실이라고요?

고이데 옛날에 인생이 커다란 고통이라고 느끼던 시기가 있었어요. 그래서 불교뿐 아니라 본질에 접근했다는 지혜나 지식을 닥치는 대로 찾아다녔습니다. 그러면서 해 볼 만하다 싶은 건 비교적 빨리 생활에 접목시켰죠. 지푸라기라도 잡는 심정으로요. 그중에서 선은, 어찌 되었건 현재를 살아가는 것이라고 얘기하더군요. '그렇구나. 과거와 미래는 여기에는 없는 게 맞지' 하고 깨달았어요. 그렇다면 지금을 살아 봐야겠다고 결심했죠. 거기까지는 좋았는데, 무얼 하건 몸에 힘이 들어가 버려서 '지금이야! 지금을 살아야 해! 지금! 지금밖에 없어!' 하고 핏대를 세우며 살았지 뭐예요. 무엇을 하건 과거에 했던 일에 대한 후회가 스멀스멀 기어오르고, 미래에 대한 불안에서 벗어나지도 못했어요. 하지만 아무리 용써도 지금을 제대로 살아 내지 못하는 것 같아서 '역시 나는 쓸모없구나' 하고 더욱 괴로움에 허덕이게 되더라고요. 그런데 어느 날 갑자기 이런 생각이 들었어요. 과거나 미래를 생각하고 있는 건 틀림없이 지금이잖아!

요코타 과거나 미래를 버릴 필요는 없어요. 어차피 현재에서 한순간도 벗어나는 게 아니니까요.

아침 해가 오르지 않으면

삶도 없어요.

공기가 없으면,

바람이 불지 않으면,

그 사람이 없으면

생명은 없다고요.

고이데　그걸 알고 나니까 겨우 몸에서 힘이 빠져 나가 편해졌어요.

요코타　그러니까 현재에 충실하려고 너무 힘을 줄 필요도 없고, 현재에만 집중하려고 억지로 애쓸 필요도 없는 겁니다. 현재에서 벗어난다는 것도 망상이고 현재에 집중하려는 것도 결국에는 망상일 테니까요. 저도 늘 생각하는데, 현재는 달라지지 않을 거예요.

고이데　현재는 달라지지 않는다…….

요코타　영사기에 자주 비유하는데요. 보고 듣는 것에서 생기는 마음속 파도의 일렁임이 눈앞에 영상처럼 떠오르는 거죠. 단지 우리는 그 파도를 보고만 있을 뿐 실제로는 현재라는 위치에서 발끝 하나 나아가지 않고 있다고요. 불교 용어 중에 '지금이 영원' 혹은 '영원한 지금'이라는 말이 있습니다. 이 말이 진리라고 생각해요. 현재가 무한히 이어지는 겁니다. 그 안에서 여러 가지 것을 느끼며 살아갈 뿐입니다. 시간이란 것도 원래는 마음이 만들어 낸 게 아닌가 하는 생각이에요.

고이데　알 것도 같아요. 저도 줄곧 시간이 직선적이라 생각했어요. 지금이란 시간은 과거에서 미래를 향해 나아가는 직선 위의 일부,

아주 작은 점에 불과하다고 말이죠. 이 좁고 갑갑한 순간, 이 부분만 지금이라고요. 착각이었죠.

요코타 그것에 집착해 보았자 진만 빠지죠. 영혼만 갉아먹을 뿐입니다.

고이데 정말 그래요. 영혼만 갉아먹는 것 같아요. 그런데 아까도 말씀드렸지만, 어느 날 문득 상황이 역전되었지 뭐예요. 과거와 미래 사이에 현재가 있는 게 아니라 현재 안에 과거와 미래가 있다고 깨달은 거예요. 그랬더니 단숨에 눈이 뜨이는 기분이 들었어요. '뭐야, 현재 안에 다 들어 있잖아' 하고요. 이 깨달음과 나를 손에서 내놓는 이야기가 연결되는 것 같아요. 전체로서의 현실에 만족했더니 본래 이어져 있던 끈이 보인 것도 같거든요. 긴장이 풀어진 순간, 어깨에 잔뜩 들어 있던 힘이야말로 '개인으로서의 나'라는 환상을 만든 주범이란 걸 알았어요. 그 환상이, 해결하지 못할 분리감과 고독감을 만들어 내고 있었던 거라고요. 그 순간 정말 마음이 놓였어요. 안도의 눈물이 멈추지 않더라고요. '나는 어디에서도 잘려 나가지 않았던 거구나. 고독 따위와는 거리가 멀었어. 처음부터 모두와 연결되어 있었어'라는 걸 알고 나서 말이죠.

요코타 훌륭한 깨달음이었네요. 그런 커다란 깨달음이 있으면 인생에서 길을 잃고 다소 방황해도 평정을 잃지 않고 제자리로 돌아올 거예요.

고이데 그런 것 같아요. 전에 비하면 마음이 진중해졌다는 느낌이 들어요. 가슴 밑바닥에 절대적인 안정감이 깔려 있다고 할까요. 또 심각함 같은 게 과거보다 줄었을지도 모르겠어요. 허허실실, 에헤야 디야, 웃으면서 살고 있거든요(웃음).

언제 어디에 있건
부처 손바닥 안

요코타 바로 어제도 '부처의 손바닥 안'이라는 주제로 강연을 했어요. 야나기 무네요시[05] 씨가 한 말인데, 굉장히 좋은 말이지 않나요?

고이데 어디에 있어도 부처 손바닥 안에 있다는 말이죠?

요코타 그렇죠. 기독교에서는 '하늘에 계신 우리 아버지'라고 표현하고, 정토교라면 '나무아미타불'이 되겠죠. 선종에서는 아까 말

요
코
타
난
레
이

한 큰 연결이 '부처의 손바닥'에 해당하지 않을까 싶은데요. 어디에 있어도 부처는 다 아신다는, 숨을 곳이 없다는 거죠.

고이데　어디에 있건 연결된 끈의 한가운데라니 정말 마음이 놓이겠어요.

요코타　고이데 씨도 그런 안정권 안에서 살고 있지 않나요? 본질을 붙잡을 만한 체험도 했으니까요.

고이데　아니에요. 저는 아직 수양도 부족하고 멀었습니다.

요코타　하지만 본질을 깨닫는 건 굉장한 거예요. 고이데 씨의 문장을 읽다 보면 느끼는데, 원래 불교나 불상에 흥미가 있었잖아요? 호흡법도 수련하던데요. 연이 있었나 봅니다.

고이데　정말 감사한 인연입니다.

요코타　요즘에는 고이데 씨처럼, 보통 사람 중에도 본질에 훌쩍 접근하는 사람이 있나 봅니다. 점점 늘고 있는 게 아닐까 해요. 제가 여는 법회에 매달 참석하는 30대 후반쯤 되어 보이는 젊은 여성도 제게 깨달음이 얼마나 대단한 것인지 알려 주었어요. 본인이 말하기로는 원래 불교와 연이 없었다고 해요. 그런데 작년 1월에 아버지가 교통사고로 돌아가셨답니다. 현장에서 숨졌다고요. 그때부터 인생이 나락으로 떨어진 거죠. 지금까지 함께 살던 아버지가 차마 눈 뜨고 못 볼 처참한 모습을 하고 있어서……. 그래도 어떻게든 장례식을 마치고, 아버지의 죽음을 받아들일까 말까 할 즈음 사고 가해자가 불기소 처분을 받았다고 해요. 업무상 과실 치사로 끝내 버렸다네요. 그런 소식을 들었다고 합니다. 아버지는 차에 치여 돌아가셨는데, 상대방은 아무런 책임도 지지 않은 거죠. 분노와 증오가 찾아왔대요. 자기 마음을 다스리기 힘든 고통 속에서 지내다가 12월 말인가, 우연히 엔카쿠지에 왔답니다. 태어나서 처음으로 절이란 곳에 와서 제 이야기를 들었던 거죠. 그때 제가 우연히 불심에 관한 이야기를 하고 있었던 겁니다. 우리는 부처의 마음 안에서 태어나 부처 마음 안에서 살다가 그 안에서 숨을 거둔다. 죽음이라는 것은 절대로 다른 곳으로 가는 것이 아니라 원래 있던 곳으로 돌아가는 것이다. 고향으로 돌아가는 것처럼, 어디에도 가는 게 아니라는 말을요. 그리고 살아가기 위해서 얼마나 방황하고 괴로워하고 있는지를 석가모니 부처님 이야기에 비유해서 설명했어요. 석가모니 부처님은 이야기를 상당히 잘하는데, 인생을 이렇게 비유했습니다. 여행객이 인도의 넓은 광야를 걷고 있었는데 코끼리가 성을 내며 여행객을 습격했어요. 그래서 허둥지둥 도망쳤는데, 그 앞에 마침 오래된 우물이 있었답니다. 위를 보니 우물 위에 등나무가 있었고 줄기가 늘어져 있었어요. 운이 좋다고 여기며 등나무 줄기를 붙잡고 우물 안으로 뛰어들었습니다. 코끼리가 우물 안까지 쫓아 들어오지는 못할 테니까요. 그래서 한숨 돌리고 있다가 정신을 차려 보니 우물 바닥에 독사가 있었던 겁니다. 그리고 위를 보았더니 생쥐가 등나무 줄기를 갉아 먹고 있더라는….

고이데 위기일발이네요.

요코타 우물에서 나가면 코끼리한테 밟혀 죽을 것이고, 등나무 줄기가 끊어지면 독사한테 물려 죽겠죠. 그 줄기를 생쥐가 갉아 먹고 있으니……. 그때 등나무 꽃에서 꿀이 한 방울 떨어집니다. 그 꿀이 입안으로 들어갔고 달콤함에 자기가 처한 끔찍한 상황을 잊어 버리고 맙니다. 그 모습이 마치 인간이 쾌락에 몸을 맡기고 인생의 괴로움을 잊어 버리는 모습과 같지 아니한가 하고 석가모니 부처님은 비유했던 겁니다. 상당히 잘 지어냈죠? 어느 날 제가 이 이야기를 젊은 스님들 공부 모임에서 한 적이 있어요. 그리고 문제를 냈습니다. "자, 여러분. 이 여행객은 어떻게 하면 구원받을까요?" 어려운 문제죠?

고이데　어렵습니다.

요코타　개중에는 죽을 각오를 하고 아래로 떨어져 버리면 된다고 말하는 사람도 있었습니다. 모두 이런저런 답을 내고 저도 싱글거리며 듣고 있었죠. 그러다가 마지막에 "노스님은 어떻게 생각하십니까? 스님 생각을 알려 주세요" 하더군요. "답은 없을 겁니다. 하지만 어떻게 해야 구원받을지 굳이 말하자면……" 하고 눈을 감고 몸을 조금 흔들다가 "…… 앗, 꿈이었잖아!" 하고는 "구원이란 이런 게 아니겠습니까?"라고 답했습니다.

고이데　모든 것은 '분리된 자신'이라는 꿈에서 비롯된 꿈이었다…… 이런 말씀이신가요?

요코타　그렇습니다. 코끼리가 쫓아온다는 것도 꿈이었고, 등나무 줄기를 붙잡고 있다는 생각도 꿈이었고, 아래에 독사가 있다는 것도 꿈이었던 겁니다. 달콤한 꿀이 위에서 떨어진다는 것도 꿈이고요. "헛" 하고 꿈에서 깨어 보니 모든 것이 부처의 손바닥 안이었으니, 이야말로 진정한 구원이 아닌가. 그런 이야기를 작년 12월 법회에서 했더랬죠. 법회가 끝난 후에 두툼한 편지를 받았습니다. 보낸 이는 아까 말한 30대 여성이었어요. 한 번도 만난 적이 없는 여성의 이야기가 편지에 깨알같이 적혀 있더군요. 아버지의 죽음, 상대방이 불기소 처분을 받았다는 사실, 그로 인한 증오와 스스로 감정을 제어하지 못하는 괴로움……. 그런 와중에 처음으로 엔카쿠지에서 이야기를 듣고 정신이 번쩍 들었다고 합니다. 아버지는 돌아가신 게 아니라고요.

고이데 …….

요코타 불심이란 본인도 잘 모르지만, 공기 안에 스며들어 늘 주위에 머물면서 나와 떨어지지 않는다는 것을 깨달았다고 합니다. 지금까지 상대방에 대한 분노나 미움이 있었지만, 그것까지 모두 꿈속의 일이었으며, 아무도 증오할 필요 없다고요. 그렇게 적혀 있더군요. 제가 전한 단 하나의 이야기로 말이죠. 1월에 아버지가 돌아가신 후 완전히 컴컴한 길을 헤매는 것 같았고, 앞으로 어찌 살까 막막했다고 합니다. 그런데 12월 끝자락에 이르러서야 큰 위안을 얻었다고 해요. 그 사람은 수행을 하고 있지 않았습니다. 아마 호흡법도 익히지 않았겠죠. 그러나 이야기 하나에 180도 바뀐 겁니다. 그 후로 한 번 더 편지를 주셨는데, 이렇게 쓰여 있었습니다. 이제 비로소 가해자에게 편지를 쓸 수 있게 되었다고요. 더 이상 자신을 책망하지 말고 자기 인생을 살라고, 그런 편지를 보냈다고 해요. 사고가 나고 1년 만에 말이죠.

고이데 놀랍네요.

요코타 석가모니 부처님의 가르침은 여기에 본질이 있습니다. 불교는 깨달음이란 거죠. 깨달음이 본질입니다. 최근에 유행하는 마음챙김(Mindfulness)도 한 가지 수단이 된다고 봅니다. 호흡법도 수단이 될 수 있고요. 불상을 숭배하는 일도 수단이 되죠. 하지만 궁극적으로는 그 수단들을 통한 깨달음이 본질입니다. 불심 안에 있다는 사실에 눈을 뜨는 것. 이것이 본질이 아닌가 해요. 그 여성은 본질에 접근했기에 현실의 괴로움으로부터, 까마득한 나락으로부터 '살아야겠다'라는 힘을 얻은 겁니다. 상대를 증오하면서 살아가는 것과 용서하고 살아가는 것 중 어느 쪽이 나은 삶인가 생각했을 때, 결국 증오나 한이라는 감정은 몸에 해로울 수밖에 없습니다. 독이죠. 그 여성은 그것을 초월해서 건강하게 살고 있습니다. 요즘도 매달 법회에 참석합니다. 감사한 일이죠. 저는 깨달음의 힘을 그녀에게서 배웠습니다.

고이데　정말 굉장히 고마운 이야기네요.

꿈이었음을 깨달았다면
그 꿈을 즐겨라

요코타　이 이야기에는 중요한 점이 하나 더 있습니다. 꿈에서 깨었다고 더 이상 꿈을 꾸지 않는 건 아니라는 사실입니다. 다음에는 꿈을 즐기는 거죠.

고이데　그렇군요.

요코타　영화도 그렇잖아요. 영화인 줄 알면서 빠져들잖아요. 그러니까 즐길 수 있는 겁니다. 가능한 한 좋은 영화를 보고 울다 즐거워하다 하면 되는 것 아닙니까. 인생도 마찬가지예요. 꿈이라는 걸 알았다고 꿈에서 벗어나려고 산에 틀어박힐 필요는 없습니다. 꿈을 즐기면 되는 거죠. 영화는 안심하고 즐길 수 있잖아요. 보고 있는 동안 갑자기 눈물이 흐르기도 하고, 화도 내고, 이 새끼 저 새끼 하며 욕을 퍼붓기도 합니다. 하지만 그건 모두 영화니까, 근본적으로는 안심할 수 있는 겁니다. 그런 마음으로 좋은 꿈을 꾸도록, 좋은 영화를 보도록 이 세상을 살아가자는 얘기예요. 꿈이라

는 것을 알았다면 즐겁게 꿈을 꾸자는 거죠. 이렇게 살아가는 것
도 괜찮은 인생이 아닌가 하는 것을 말씀드리는 겁니다.

고이데　네.

요코타　꿈을 끝낼 필요는 없습니다. 내버려 두어도 결국에는 또 꿈
을 꾸니까요(웃음). 몇십 년 후가 될지는 모르지만, 그때까지 건강
을 챙기면서 직장에서건 가정에서건 자신이 맡은 역할과 자기 배
역을 충실히 하고 좋은 인생의 일막을 내리면 되지 않나 싶어요.
그렇게 생각하면 왠지 편해지지 않나요? 요즘 그런 마음으로 살
고 있답니다. 날마다 여러 사람을 통해 배운다고 할지 알아 간다
고 할지, 아무튼 여러모로 얻고 있습니다. 고이데 씨한테도 이런
저런 깨달음을 얻었어요. 깨닫는 게 재미있어졌거든요. 감사한 일
이라고 생각합니다.

> 불교의 본질은
> 깨달음에 있다

요코타　마음챙김이라든가 호흡법 같은 것이 유행하는 건 굉장히
바람직하지만, 모든 과정이 깨달음을 얻기 위함이라는 근본 목적

은 잊지 말아야 합니다.

고이데 처음에는 깨달음이 분명하게 목적으로 보이지 않아도, 아까 스님이 말씀하셨듯이 모든 것은 부처의 마음 안에서 이루어지고 모든 것이 맞물려 있다는 거죠. 그것을 마음속에 새겨 두고 나날이 무엇을 하든 그 자세를 잃지 않아야겠어요.

요코타 목적을 위한 방향성을 잃지 않는 게 핵심입니다. 요즘 불교 붐이라고 해서 나와 있는 책들을 보면, 힐링이라는 말을 자주 사용하는데요. 자기감정을 약간 누그러뜨린다거나, 편안함을 추구한다거나 하는 정도의 이야기에서 끝나 버리는 경우가 많아서 안타깝습니다. 본질에서 약간 벗어난 책만 유행하고 있지 않나 해서요. 대체로 본질에 가까운 방향성을 제시하는 부분까지 도달하지 못하는 것 같더군요.

고이데 모든 것은 꿈이었다는 본질적인 깨달음을 얻기 위한 지름길이 불교인데도, 그것까지는 이르지 못하고 꿈속 이야기에 치중해 있군요.

요코타 그 부분이 문제입니다. 일반 사람은 본질에 관해서는 도저히 모를 것이라고 미리 선을 긋는 것인지, 아니면 깨닫지 못하고 있는 것인지 몰라도 유감스러운 일입니다. 이런 현상을 바꾸어야 한다고 생각은 하는데……. 지금 좌선회에서 《반케이선사어록》을 읊고 있습니다. 불심에 관한 이야기를 하면 아무도 오지 않을 줄 알았는데, 꽤 많은 사람이 참석하더라고요(웃음). 상당히 머리 아픈 내용인데도요.

고이데 사실은 사람들이 그런 이야기에 굉장히 목말라했던 것 같아요. 잠재적이건 실재적이건 본질적인 부분에 관한 이야기를 듣고 싶어 하는 거죠. 마음 깊은 곳에서는 모두 꿈에서 깨어나고 싶어 하는 게 아닐까요? 저도 계속 그런 이야기를 찾고 있었거든요. 물론 한번에 스윽 듣고서 단박에 모두 알아듣기는 어렵겠지만요.

요코타 그런가 보네요. 어쩐지 사람이 전혀 줄지 않더라고요. 이런 이야기를 듣건 듣지 않건 불심 안에서 이루어지는 것이니 알고 있다면 듣지 않아도 된다고, 오지 않아도 된다고 말하는데도 다들 매일 시간 맞춰서 꼬박꼬박 참석합니다.

고이데 뭔가 직관적으로, 진리인 줄 아는 거죠.

요코타 그럴까요. 덕분에 저도 고이데 씨나 앞에서 얘기한 여성과 인연이 닿아서 일반인 중에도 통하는 사람이 있다는 사실을 알았어요. 불교의 근본인 범천권청(梵天勸請, 범천이 석가모니 부처님에게 설법을 간청한다는 뜻-역주)의 내용이 얼마나 중요한지 알겠더군요. 석가모니 부처님조차 처음에는 깨달음의 본질을 세속 사람들에게 이야기해 봤자 통하지 않을 거라고 생각했잖아요. 하지만 하늘에서 범천이 내려와서 "그렇지 않다"라고 말했죠. 들어서 모르는 사람도 있겠지만, 아는 사람도 있을 것이다. 연을 중시하는 사람이라면 바뀌는 사람도 있을 것이라고요. 석가모니 부처님은 등 떠밀리듯 연못을 봅니다. 그곳에서 '연꽃 중에도 진흙 속에 파묻힌 것과 진흙에서 나와 꽃으로 피는 게 있지 않은가. 이렇듯 여러 방법을 써 보지 않으면 안 되는구나' 하고 깨달음을 얻었고 진리를 전파하기 시작했다고 하죠. 이것이 불교의 원점이라고 생각합니다. 그래서 '나도 노력해야겠구나' 하고 마음을 다잡게 됩니다.

고이데 말씀을 듣고자 하는 사람이 많습니다. 스님, 앞으로도 특유의 유머와 따뜻함이 넘치는 말씀으로 우리에게 본질의 제1막 제1장을 알려주세요. 오늘 정말 감사합니다.

01 아사히나 소겐(朝比奈宗源, 1891-1979). 임제종을 대표하는 스님. 가마쿠라에 있는 엔카쿠지의 전 주지. 임제종 엔카쿠지파 전 관장.

02 사카무라 신민(坂村真民, 1909-2006). 시인. 시종(時宗)의 개조 잇펜(一遍)의 삶에 공감해 불교 사상을 드러낸 시를 다수 남겼다.

03 무라카미 가즈오(村上和雄). 유전자 연구자. 세 명의 노벨상 수상자를 배출한 명문 쓰쿠바 대학교의 명예교수. 고혈압의 흑막인 효소 레닌의 유전자 해독에 성공했으며, 세계적인 업적으로 주목을 받았다. 일본학사원상 수상.

04 무소 소세키(夢窓疎石, 1275-1351). 가마쿠라 시대 말부터 남북조시대, 무로마치 시대 전기에 걸친 임제종 선승. 정원 설계에도 재능을 발휘했다.

05 야나기 무네요시(柳宗悦, 1889-1961). 민예 운동을 일으킨 사상가이자 미학자. 종교철학자. 묘호인(妙好人, 마음이 지극한 신앙인으로 이웃을 위해 헌신하는 사람)이라는 개념을 세상에 널리 알린 인물로 유명하다.

평온함 속에서
현재를 살아가기

고이케 류노스케 小池龍之介

1978년 야마구치현(山口県) 출생. 도쿄대학교 교양학부를 졸업했으며, 가마쿠라(鎌倉)에 있는 쓰쿠요미지(月読寺) 주지를 지냈다. 2019년에 환속과 함께 절 이름을 '쓰쿠요미 명상 연구회'로 바꾸어 일반인을 위한 명상과 참선 지도 및 강좌를 이어오고 있다. 2003년 웹사이트 〈출가공간(iede.cc)〉을 개설해 운영하고 있다. 저서로《생각 버리기 연습》,《화내지 않는 연습》,《나를 지키는 연습》,《부처의 말》등 다수가 있다.

현재에 충실하라

고이데 고이케 스님 안녕하세요. 이번에 〈열려라! 깨달음이여!〉라는 주제로 인터뷰를 요청했습니다.

고이케 "열려라!" 하고 외치는 동안에는 영원히 열리지 않을 텐데요.

고이데 이 인터뷰의 핵심인데, 어떻게 해야 하나요…….

고이케 미안합니다. 웃자고 한 얘기입니다(웃음).

고이데 다시 정신을 차릴게요. 우선 기획 취지를 설명드리면, 수년 전에 제 안에서 한 가지 커다란 깨달음이 일었어요. 한마디로 표현하면 '불교에서 말하는 세계가 나와 완전히 먼 데 있는 게 아니구나. 지금 여기에 있는 내 얘기구나!'라는 거죠. 그래서…….

고이케 먼 데 있는 게 아니라는 걸 순간적으로 깨달았다니, 존경스럽군요. 하지만 그 생각을 지속적으로 반복하는 것이 삶 전체에 꼭 플러스가 되는 것만은 아닙니다.

고이케 류노스케

고이데 따끔한 지적이시네요. 맞는 말씀이라 더 이상 뭐라 해야 할지 모르겠어요.

고이케 그것은 기억에 불과해요. 먼 옛날에 그랬다는 식의 관념으로 바뀐 거죠. 과거의 경험만 들여다보는 한 현재의 삶에서 멀어집니다. 그러니 어떤 경우에서건 현재에 충실해야 합니다.

고이데 지난날의 체험을 뜨겁게 말하는 시점에서 이미 뜻이 변질될 수도 있겠군요. 현재에 충실하고자 하는 삶에서 멀어진다고 지적하신 부분은 저도 동감이라 뭐라 반박을 못 하겠어요.

지뢰주의!
뇌 속에 프로그래밍된 덫에 걸리지 말 것

고이데 제 안에서 굉장히 힘들었던 시기가 있었거든요. 그 엄청난 깨달음을 얻고 나서 꽤 오랫동안 '내가 이런 체험을 했어'라는 자만에 빠져 의기양양했어요. 깨달음은 내게 있어 정말로 특별한 경험이었다는 뿌듯함이 점점 부풀어 올랐죠. '특별한 체험을 한 나'라는 사실을 증명하려고 했다고 할까요.

고이케   집착이 강해졌군요.

고이데   네, 맞아요. 그 깨달음이란 '내가 나라고 생각한 것은 어디에도 존재하지 않았다'라는 게 핵심인데요. 그 후에 결과적으로 무의식중에 자아를 지나치게 키웠던 것 같아요. '나는 존재하지 않는다는 사실을 깨닫다니, 굉장해!' 하고 의기양양했던 거죠. 돌이켜 보면 정말 커다란 모순 속에 빠져 있던 건데, 그걸 알아차리지 못했어요.

고이케   우리 뇌는 기본 프로그램에서 이탈하지 못하도록 복잡한 소프트웨어가 여러 겹으로 설계되어 있어요. 빠져나가려는 찰나에 '위험해'라는 신호를 감지하고, 그 소프트웨어가 작동해 긴급 처방을 합니다. 소프트웨어가 제1단계에서 몇 단계까지 있는지는 모르겠지만, 우선은 '이런 체험을 한 내가 여기에 있다는 식으로 인지하라'라는 프로그램을 가동하는 거죠. 나를 다시 집어넣는 프로그램이에요. 어쨌든 여러 군데에 지뢰가 설치되어 있는 겁니다.

고이데   제가 보기 좋게 걸려들었네요. 하지만 스님이 말씀하신 것처럼, 불교가 그런 부분을 지혜롭게 일깨워 주더라고요. '지뢰주

121

고
이
케
류
노
스
케

의!' 같은 팻말을 꽤 잘 보이는 곳에 세워 두고 있어요. 전통이 깊은 만큼 체계적이라고 새삼 느꼈습니다.

고이케   그러셨군요. …… 그런데 정말로 그렇게 생각하셨을까요?

고이데   네?

고이케   정말로. 진짜로. 백 퍼센트로요?

고이데   그러니까…….

고이케   누가 생각한 거죠?

고이데   누가 했냐면…… 앗! 이것도 지뢰였네요?!

고이케   (웃음).

고이데   전 그냥 아무 말 안 하는 게 낫겠어요(웃음).

'내가' 무언가를
하고 있다는 착각

고이케　이런 자리를 갖기도 쉽지 않은데, 그냥 이야기만 나누기보다는 수련 하나 해 보면 유익한 시간이 될 것 같은데요. 한번 해 보실래요?

고이데　네. 뭘까요?

고이케　지금 당신은 어떤 감정, 혹은 어떤 생각으로 이야기하고 있습니까? 그럴싸한 표현을 쓰자거나 정확하게 표현해야지, 이런 생각인가요? 그 생각이나 감정은 과연 누가 하고 있는 걸까요?

고이데　누가 하느냐……

고이케　감정이건 생각이건 분명 '그곳'에 나타나는 겁니다. 그곳이 어디인지는 나중에 생각하기로 하고, 어쨌든 나타나는 것입니다. 그것이 저절로 나타난다는 걸 알고 있었나요? 지금 여기에서 이렇게 이야기하고 있는 동안에 말입니다

고이데 지금이라고요?

고이케 네. 바로 지금입니다. 고이데 씨가 지금 느끼는 감정이나 하고 있는 생각을 본인 것이라고 믿고 있지 않나요? 아니면 이렇게 말하고 있는 자신이 있다는 것을 실감하면서 말하고 있지는 않나요? 그게 실은 삶의 근본적인 괴로움을 생산하는 구조거든요.

고이데 '내가 무언가를 하고 있다'라는 실감이 문제라는 말씀이신가요?

고이케 네. 무조건 지금 나타나고 있는 현상을 깨닫는 게 중요합니다. 끊임없이 깨닫는 거죠.

고이데 끊임없이 깨닫는다…… 끊임없이…….

고이케 그렇습니다. 이 몸과 마음 안에서 무슨 일이 일어나고 있는지 끊임없이 얇은 투명막을 사이에 두고 보는 거죠. 얇은 막이니까 실제로 떨어져 있는 것은 아니지만, 이런 식으로 깨닫고 봅니다. 늘, 아니 지금 보고 있는 겁니다. 그러면 본인 의지대로 본다고 믿고 있던 것이 사실은 저절로 떠올라 그곳에 나타난다는 것을 알게 될 거예요.

칠흑 같은 어둠 속에서
빛나는 계단

고이케 참, 좌선 중에 새롭게 떠오른 이미지를 포함한 화두가 있는데요.

고이데 화두라고요?

고이케 저는 임제종에 속한 스님이 아니기 때문에 화두라는 말을 곧이곧대로 받아들일 필요는 없습니다.

고이데 그게 뭔가요?

고이케 부처란, 칠흑 같은 어둠 속에서 빛나는 계단이다! 무한한 우주에 투명한 계단이 하염없이 이어지고, 지금 또 히니의 계단이 생겨나 빛을 냅니다. 다음 계단이 빛을 내는 순간 앞 계단의 빛은 사라지고요. 또 다음 계단이 빛나면 앞 계단의 불빛이 사라집니다. 이렇게 빛을 발하고 있는 계단이 바로 현재의 생각이나 고민

고이케 류노스케

거리, 하고 싶은 말 등을 의미합니다. 좀 더 면밀하게 관찰하다 보면 이렇게 이어지는 계단은 사고나 감정뿐 아니라 마음과 관련된 여러 감각을 포함하면서 자동적으로 정보를 처리하고 있음을 알게 됩니다. 지금 들리는 소리나 느끼는 통증, 가려움, 졸림, 어쩌면 상대의 목소리나 밖에서 지저귀는 새소리, 혹은 몸이 따뜻하다거나 춥다는 감각까지, 계단이 만들어지고 사라집니다. 정신을 차려 보니 그 계단은 수십억, 수백억, 수조 개를 훌쩍 넘겨 아주 아주 오랜 옛날부터 이어지고 있었던 거죠. 그렇다면, 지금 이 계단은 도대체 누가 빛을 내고 있을까요?

고이데 음, 어렵네요.

고이케 어쩌면 그 계단 위를 걷는 자신이라고 믿고 있을지도 모르겠습니다. 그러나 깨달음을 유지하고 있으면 지금 생각이나 기분, 정념은 이전 계단에서 필연적인 결과가 되어 저절로 생성된 것이며, '내가 주체적으로 생각하고 있다'라고 단정 짓기 어렵다는 사실을 알게 됩니다. 앞에서 얻은 정보에 대한 자동 반사로 새로운 사념이 생성되고, 그 과정이 끊임없이 이어지고 있을 뿐임을 알게 되면 그 사념들이 '내 것이다', '이것이 나의 본질이다', '내가 생각하고 있다'와 같은 오해를 하지 않습니다. 결국 그 계단을 걷고 있다고 생각하던 사람의 형상은 스르르 사라집니다. '인간'은 어디에도 없고 그저 계단만이 남는 것이죠. 한 단 한 단이 저마다 빛을 뿜고 있을 뿐입니다. 드넓은 우주의, 무한히 이어지는 캄캄한 암흑 속에서 말이죠. 이 계단에 관한 비유는 무한한 우주 안에서 '인과관계를 나타내는 빛의 계단'이라고 할 수 있을 거예요. 이 하나하나의 계단 빛은 수백억, 수조 개를 이루기 훨씬 전부터 이어져오고 있었고, 앞 계단의 결과물로서 그저 빛나고 있다는 거죠. 다음 계단은 같은 방식으로 나타나지 않기를 소망한다 해도 여지없이 똑같이 나타납니다. 본디 앞 계단이 영향을 미칠 수밖에 없는 구조로 이루어져 있으니 다르게 나타나기란 불가능하거든요.

> 인간은 끊임없이
> 스스로를 배반한다

고이케 제 말을 듣고 계신 지금도 생각이 끊임없이 꼬리를 물고 이어지죠? 그런 식으로 나타나도록 직접 선택하셨나요?

고이데 음…… 그런 것도 같고, 아닌 것도 같아요.

고이케 그런 식으로 지금 빛을 뿜고 있는 계단은 순식간에 사라지고 곧바로 다음 계단이 나타납니다. 그런 것도 같다는 계단 말이죠. '그럴지도 몰라'라는 계단과 뒤이어 나타나는 '아니, 그럴 리가 없어'라는 계단, 또다시 '역시 그럴지도'라는 계단. 작은 소리로 읊조리듯 굉장한 속도로 계단은 빛을 내며 나타났다가 사라집니다. 이 한 단의 계단을 자신이라고 생각해 보면, 어느새 사라져 다음 계단으로 넘어가 버립니다. 다음 계단이야말로 자신이라고 생각해도 순식간에 이미 빛은 사라집니다. 그렇게 인간은 끊임없이 스스로에게 배신당하면서 골탕을 먹죠.

고이데 스스로에게 배신당한다고요?

고이케 네. 그게 바로 《무상게(無常偈)》[01]에서 말하는 제행무상(諸行無常), 시생멸법(是生滅法)이라는 가르침입니다. 모든 것은 만들어지자마자 바로 사라지기 때문에 의지할 바가 못 된다는 뜻이죠. 이 우주에 홀연히 떠 있는 계단 하나하나를 절대로 자신이라고 말할 수 없으며, 자생적으로 하나씩 나타나서는 사라져 갈 뿐이라고 생각하면 좋겠습니다. 덧붙이자면, 우리가 지금 이렇게 이야기를 나누고 있지만, 내가 말하는 게 아닙니다.

고이데 네?

고이케 지금 이 마음은 생각을 만들어 내고 말하기에 전념하고 있기는 하지만, 인과관계 속에서 필연적으로 빛나고 있는 '지금'이라는 계단을 깨달아 그대로 입으로 뱉어 내고 있을 뿐이죠. 여기에서 퀴즈를 내겠습니다. 지금 마음의 중심은 어디에 놓여 있을까요?

고이데 마음이라고요?

고이케 마음이란 것은 불교에서 말하는 감각과 의사작용, 기억, 인식의 작용을 모두 아우르는 표현입니다. 수(受)·상(想)·행(行)·식(識)을 말하죠.

고이데 우주 안에 존재하는 계단을 걷고 있다는 비유로 말하자면, 지금 스님의 마음은 어디에 놓여 있는가라는 뜻인가요?

고이케 그렇죠. 어떤 심리적 상황이 우위에 있는가라는 말입니다. 앞 계단과 다음 계단 사이에는, 즉 특정 생각이 나타난 후 다음 생각이 나타나기까지는 일시적인 틈이 존재합니다.

고이데 그 위를 걷는 인간은 없겠네요?

고이케　없죠. 존재하던 사람이 사라진다는 뜻이 아니라 원래 없었던 겁니다. 그런데 우리 뇌에는 인간이 계단 위를 걷는 것처럼 투사하는 기능이 있어요. 그렇게 해야 인간을 보다 감정적으로 만들 수 있으니까요. 인간이 난폭해지고 경쟁적으로 바뀌니까, 종의 보존이라는 의미에서는 그편이 끼워 맞추기가 편하겠죠. 그 결과 그곳에 인격이 있다는 허구가 만들어지고 사람이 계단 위를 걷는 이미지가 성립되는 겁니다. 그러나 그 허구의 이미지는, 인과관계에 충실한 계단을 따라가면서 냉정하게 관찰하면 사라집니다.

고이데　그러면 마음의 중심은 전체를 의미하게 되지 않나요? 그렇게 하도록 지령을 내리는 전체로서의 어떤 것이라고 할까요? 어떤 것이란 물체도 아니고 인격적인 것도 아니지만요. 중심이라는 표현도 과연 적절한지…… 음, 중심이라고도 하기 어렵군요.

고이케　그렇군요. 중심이라고 볼 수도 없겠네요.

고이데　중심도 아니라면…….

고이케　전체적으로 무한하게 확장되어 있는 거죠. 앞의 비유로 말하자면, 계단이 아니라 무한한 우주 공간으로 마음이 이행한다고 할까요. 계단까지 둘둘 말아 넣은 캄캄한 우주 속으로요. 아니, 이 우주의 성분을 퍼 담은 계단이 끊임없이 생성되고 있는데, 이쪽의 무한함에 마음이 놓여 있다고 해야겠군요.

현재에
마음을 두는 요령

고이데 스님의 마음은 지금 한 인간으로서 육체 안에 갇혀 있는 게 아니라 무한으로 펼쳐진 우주에 놓여 있다는 뜻이군요. 저도 '현재'에 마음을 두고 살고 싶은데, 그러려면 어떻게 해야 할까요?

고이케 요령이 있습니다. 제행무상, 시생멸법을 늘 의식하면 앞 계단과 다음 계단 사이에 일시적인 틈이 놓여 있다는 것을 깨닫게 됩니다. 그 순간적인 틈에 의식을 끼워 넣으면 그대로 마음이 우주 전체로 확장됩니다. 초심자라면 이 방식을 따르면 좋을 겁니다.

고이데 말하자면 그 틈에 본질이 있다는 건가요? 틈이야말로 본질이라는 뜻인가요?

고이케 그런 거죠. 하나하나의 사물, 즉 계단은 끊임없이 변모하니까요. 제행무상이니까요. 무엇을 믿건 끊임없이 배반당합니다. 거기에 본질이 있겠어요? 원래 자기 생각 자체가 절대로 믿을 게 못 됩니다.

고이데 자기 생각도 못 믿는다고요?

고이케 예를 들면 무언가를 보고 정말 아름답다고 느꼈는데 0.1초 후에는 아닌 것 같다는 생각이 들고, 또 0.1초 후에는 '아니 저건 진짜로 아름다워'라고 생각했다가, 다시 0.1초 뒤에는 '그런다고 무슨 의미가 있나' 하고 부정하는 의식이 존재하고, '아냐, 그래도 저건 놀라워' 하고 좀 전의 의식을 한 번 더 밀어붙여 정당화하려는 의식이 또 나타나고……. 이런 반복을 거듭하는 게 우리의 마음입니다.

고이데 고정되어 있는 게 아니군요.

고이케 네. 그런 마음의 다이너미즘(Dynamism, 역동성) 자체를 망상을 통해 깨우치는 겁니다. 고정되고 실체적이며 완전한 생각이 있다고, 선명한 계단 하나가 있다고 착각하지만, 곰곰이 생각해 보면 실제로는 겨우 50단 정도의 계단을 한 단이라고 믿고 있었을 뿐이죠. 그것을 깨닫게 되는 겁니다. 고정적인 계단이라고 생각하던 것도 세밀하게 관찰해 보면 그 생각에 대한 의심의 계단, 그것을 한 번 더 정당화해서 뒤집으려는 계단, 혹은 '내가 이렇게 갈대처럼 흔들리는 인간이었나?'라고 경악하는 계단, 자신이 왔다 갔다 하는 인간이라는 사실에 반응하는 계단⋯⋯ 여러 가지 것들이 복합적으로 만들어 내고 있다는 것을 조금씩 깨닫기 시작합니다. 그러면 계단 한 단이 얼마나 무의미한지도 알게 되죠. 다시 말해 모든 것이 굉장한 속도로 바뀌니, 그것들을 중요하게 여길 필요가 없어지는 겁니다.

고이데 그렇게 서서히 해방되는 거군요.

> 순수한 깨달음은
> 우리를 배신하지 않는다

고이케 불교에서는 제행무상이므로 일체개고(一切皆苦)라고 합니다. 일체개고란 이런 계단 하나하나가 고통이다, 즉 우리를 배신한다는 의미입니다.

고이데 아까도 배신이라는 표현이 나오기는 했는데요.

고이케 류노스케

고이케 '고(苦)'라는 단어에는 괴로움이라는 뜻과 또 한 가지 '공허하다'라는 뜻이 있습니다. 서구 불교에서 말하는 '고'는 흔히 Unsatisfactory, 즉 불만족으로 해석되는데요. 이게 아주 딱 들어맞는 해석이라고 생각합니다. 인간은 많은 것을 보면서 이것이야말로 궁극적으로 자신을 만족시켜 줄 것이라고 기대합니다. 그러나 꼼꼼하게 따져 보면 모든 것은 굉장히 빠르게 흘러갑니다. 애초에 의지할 수 없는 것이죠. 게다가 불만족이 마음에 남습니다. 이게 바로 배신이고 배반입니다. 이념이나 생각처럼 얼핏 지속성이 있는 듯 보이는 것은 물론, 기복이 있는 희로애락은 상식적으로도 수없이 바뀌잖아요. 그렇다는 것은 우리가 무언가의 생각이나 감정에 대해 '이것이 나를 편하게 해 주겠지'라는 기대를 할 때마다 백 퍼센트의 확률로 배반당하는 성질을 갖고 있다는 말입니다.

고이데 슬프네요.

고이케 그러나 틈은 배신하지 않습니다. 왜냐하면 틈은 언제나 자기 역할에만 충실하며 자리를 지키고 있으니까요. 하나의 현상과 현상 사이도 그저 틈에 불과합니다.

고이데 그 틈이란 아까 말씀하신 우주 자체라는 뜻인가요?

고이케 네. 현실 속 우주는 언젠가 수축해서 소멸할지도 모릅니다. 혹은 팽창해서 산산조각이 날지도 모르죠. 그러나 계단의 비유에서 우주의 무한한 암흑 영역 자체는 그저 순수한 깨달음입니다. 깨닫고 의식하기만 하죠.

고이데 순수한 깨달음이기에 생멸(生滅)할 일이 없는 거군요.

고이케 그렇습니다. 예를 들면 '이런 일을 알아냈다. 야호!' 하고 생각한다면, 그것은 깨달음이 아닙니다. 말이나 개념이죠. 즉 계단입니다. 계단 사이에 틈이 있었다고 생각하면 그것도 계단입니다. 단지 계단이 빛나고 있는 것뿐입니다.

고이데 아까 '누가' 그것을 깨달았느냐는 말씀과 이어지는 내용일까요? '내가 지금을 깨달았다'라는 말은 절대로 아니라는…….

고이케 내가 지금을 깨달았다는 식으로 생각하면 계단에 더욱 집착하게 됩니다. 그보다 좀 더 섬세한 지혜예요. 틈이 보인다는 깨달음은 지혜입니다. 무상(無常)에 관한 깨달음도 지혜에서 비롯되고요. 지금 이야기를 듣고 '모든 게 고통이구나. 필시 다 나를 배신할 거야' 하고 냉정하고 자세하게 관찰하다 보면 그런 지혜가 생깁니다. 무상이나 무아(無我), 고통에 관한 지혜가요. 그 지혜를 얻기 위한 첫 단계가 깨달음입니다. 그러나 깨달음을 지혜로 정착시키려는 생각은 엄밀히 말해서 지혜가 아닙니다. 깨달음도 아니죠. 그것은 어디까지나 깨달았다는 생각에 불과합니다.

고이데 어디까지나 계단에 불과하다는 말씀이시군요.

고이케 물론 처음에는 그런 계단에 휘둘리다가도, 어느 순간 허구로써 계단을 밟고 있는 인간이 나타나기도 하지만요. 예를 들면 '분명히 틈이 보였어. 정말이구나. 그 틈 안에 있을 수만 있다면 평안할 텐데'라고 깨달았다고 해 볼까요? 그 순간에 깨달았다는 생각에 관한 계단이 나타납니다. 그리고 또 '아, 이건 계단이었구나'라고 깨닫습니다. 그러나 그 역시 깨달았다는 생각의 계단이죠. 그것을 깨달으면 그 역시 계단이고…….

고이데 끝이 없군요.

고이케 그러다 보면 계단을 만들어 내고 싶어서 만드는 게 아니라 어느 생각이건 특별한 정보 자극으로 인한 자동 반사임을 조금씩 알게 됩니다. 그러면 그 계단에 '내가 만들었어', '내 작품이야'라고 집착하지 않게 되죠. 내 작품이 아닌데 뭐하러 집착하겠어요. 현재에 나타난 계단을 좋아할 이유도 싫어할 이유도 깨끗이 사라져 버립니다. 그 단계가 되면 더 이상 좋지도 않고 싫지도 않은, 계단의 연결을 지켜보기만 하면서 깨달음의 우주 속으로 돌아갑니다. 한번 더 이 모든 계단을 보듬으며 따뜻하게 미소 지을 수 있는 순수한 깨달음의 경지죠. 이 순수한 깨달음의 경지에 감싸져 계속해서 새로운 계단이 만들어지고요. 그렇게 집착이 사라지고, 너그러운 포용의 세계에서 자연스레 만들어지는 계단은 성숙해 있습니다. 한 계단 또 한 계단 평화로운 계단만 생겨나죠.

고이데   평화로운 계단들이 나타나는군요.

> 존재하지 않았으니
> 사라질 것도 없다

고이케   계단 위에는 아무도 존재하지 않는다는 뜻입니다. 저는 명상을 지도하면서 '만일 이곳에 내가 없었다면 어땠을지 상상해 보십시오'라는 숙제를 낼 때가 있습니다. 그것은 어디까지나 편의상 그렇게 사용한 말입니다. 왜냐하면, '만일 없었다면'이라는 화두를 꺼내려면 주어인 '내'가 원래부터 존재해야 하니까요. 원래 없는데 도대체 누가 사라진다는 말인가, 그런 거죠. 근원적인 이야기죠.

고이데   그렇군요. 애초에 존재하지도 않았으니 없어지지도 못하겠네요.

고이케   우리 절에 수행하러 온 스님이 어느 날 수행 보고서에서 이런 불안을 호소하더군요. '관찰하면 할수록 인과관계의 쇠사슬에 묶여 필연적인 일만 일어나는 것 같다. 아무리 찾아 헤매도 나라는 존재는 어디에도 없었다. 어디에서도 발견하지 못했다. 내가 소멸해 버릴 것 같다. 수행을 그만두어야 하는 게 아닐까 하고 나를 몰아붙일 정도로 공포스러웠다'라고요. 그 보고서를 밤에 받은지라 다음 날 아침이 되어서야 수행 지도 시간에 그 스님한테 답을 줄 수 있었습니다. "자신이 사라져 버릴까 봐 불안한가 봅니다. 그러나 원래부터 존재하지 않았다면 도대체 누가 사라지는 걸까요? 원래 없었으니 아무도 사라지지 않습니다. 아무도 존재성을 잃지 않으니 안심하고 그대로 깨달음을 이어가 주세요"라고 말했습니다.

고이데 불안의 주체는 어디에도 없다는 말이군요. 아까 말씀에 비유하자면, 우주 전체가 불안이라는 계단을 그 순간에 생성했을 뿐…….

고이케 그렇습니다. 그 역시 깨달으면 됩니다. 계단에 서는 것이 아니라, 계단이 나타났다는 현상을 그저 깨닫기만 하면 되는 겁니다.

> 판단하지 말고
> 그냥 내버려 두기

고이데 그저 깨닫는다는 말은 구체적으로 어떤 의미인가요?

고이케 그냥 깨닫는 거죠. 이렇게 말하면 좀 무책임한가요(웃음)?

고이데 좀 알려 주세요(웃음).

고이케 글쎄요. 그냥 슬쩍 우주로 돌아가 버리는 겁니다. 계단이 그곳에 있고, 그 계단을 무한으로 포섭하는 영역 안에 마음을 돌려놓는 겁니다.

고이케 류노스케

고이데 슬쩍이라고요?

고이케 좀 더 쉽게 설명하면, 생성되는 계단에 대해 평가하거나 좋고 나쁨을 판단하지도 말고 그대로 두는 겁니다. 대부분의 실패는 그 계단을 나쁘다고 생각하기에 발생합니다. 계단에만 신경을 쏟느라 우주로 돌아가지 못한다면 계단에서 멀어져 버리면 된다는 식으로요. 하지만 그러면 그 계단을 나쁘다고 판단하는 또 다른 계단이 생기거든요. 그런 게 아니라 평가 자체를 멀리하는 겁니다. 계단이 나타나는 현상을 멈추려 하거나 막지 말고요. 저지하거나 변경하려고 하지 말고, 또 극복하거나 처벌하려고도 하지 말고 그대로 두는 거죠.

고이데 그냥 내버려 둔다…….

고이케 그냥 내버려 둔다는 말은 계단에 집착하는 게 아니라 계단들을 모두 들어낸 다음에 남는 순수한 깨달음에만 집중한다는 뜻입니다. 많은 사람이 어떤 형태로든 계단을 깨닫고 있지만, 그것이 순수하게 깨달음으로만 기능하지는 못하고 있어요. 깨달음이 0.1% 정도라면, 남은 99.9%는 '이렇게 해야 한다', '좋다', '나쁘다', '이런 방향으로 가는 게 훨씬 좋겠다' 하는 식의 쓸데없는 판단들이 차지합니다. 상당히 어리석은 방법이죠. 계단이 다른 계단을 참견하는 꼴이니까요. 그러면 계단이 뒤죽박죽 엉겨 버려서 근본적인 깨달음을 방해하기 때문에 계단이 찌그러진 채 완성됩니다. 계단이 찌그러지면 고통이 늘죠. 많은 경우, 사람들은 이렇게 괴로움을 늘립니다. 이러한 악순환을 멈추기 위해서는 우선 고통 자체를 인식해야 합니다.

고이데 고통이라는 시스템을 이해해야 한다는 말씀이군요.

고이케 그렇습니다. 억지로 생각을 막아서 계단이 생성되지 못하게 하거나 멀어지려 하고, 혹은 반대로 계단을 무작정 마음에 들어 하면서 계단이 바로 나라고 착각하며 살았음을 자각해야 해요. 그러기 위해서는 육체적 수행을 통해 깨달음의 힘을 완성해야 합니다. 그렇게 완성된 깨달음과 판단 없는 온화함으로 우주가 포섭되는 겁니다. 우주는, 포섭이라는 말 그대로 모든 것을 자기 안에 흡수합니다. 유식론(唯識論)과 관련해 말하자면, 우주 밖에는 아무것도 존재하지 않는다는 뜻이죠.

고이데 아무것도요?

고이케 네. Nothing입니다. 들리는 소리도, 자신이 싫어하는 사람
도 모두 우주 안에만 존재합니다. 자기가 보고 있는 상대의 얼굴
이나 듣고 있는 사람의 목소리, 그 사람과 만났을 때의 자기감정,
그 사람에 대해 자신이 품었던 이미지 같은 것들이죠. 그 외의 것
은 마음에 들어오지 않으니까요. 결국 '그 사람 자체'란 사실은 실
제로 존재하지 않는 겁니다.

고이데 오오오!

고이케 모든 것을 이 우주가 만들어 내고 있습니다. 지금 이 순간
에도요. 그것들이 모두 계단의 한 단 한 단을 생성해 가는 거죠. 예
를 들면 일본이라는 나라를 지금 언어로 표현했다면, 의식 속에
일본이 있습니다. 반대로 의식하지 않을 때 일본은 존재하지 않습
니다. 일본이라는 단어를 듣고 무심코 일본이 떠올랐다면, 순간적
으로 마음이 일본을 만들어 내는 것입니다.

고이데 그 순간에 일본이라는 계단이 나타난다는 뜻이군요.

고이케 일본이 계단으로 나타난 거죠. 하지만 이내 사라지고요. 그
런 의미에서 모든 것은 이 우주 안에 포섭되어 있고, 그렇기 때문

에 모든 책임이 우주 안에 있습니다.

고이데 어마어마한 세계네요.

상처받지 않고
살아가는 법

고이데 같은 말을 되풀이하는 것 같긴 한데요. 지금 말씀하신 우주란 일반적으로 말하는 물리적인 우주와는 다른 거죠?

고이케 그렇습니다. 현실에서 우주는 생겨났다가 언젠가는 소멸하지만, 지금 제가 말하고 있는 우주에는 내용이 들어 있지 않기 때문에 아무런 감정이나 생각이 없고, 형태도 기억도 없습니다. 말하자면 상처받을 일이 없어요. 궁극적이고 소박하게 표현하면 '깨달음'이란 것은 아무래도 좋고, 상처받지 않고 살아가는 게 중요하다는 겁니다.

고이데 맞아요. 저도 될 수 있으면 상처받지 않고 살고 싶어요.

고이케 그게 훨씬 중요한 일입니다. 불교란 한마디로 사성제(四聖

'깨달음'이란 것은

아무래도 좋고,

상처받지 않고 살아가는 게

중요하다는 겁니다.

諦)라고 하잖아요. 불교에서는 고통의 원인이 이것이니 이렇게 해서 고통을 줄이자며 소박하게 일깨웁니다. 단순하죠. 상처는, 말하자면 계단의 작용입니다. 상처나 고통, 부정과 비판, 평가, 전보다 나빠졌다거나 인간 이하일지도 모른다는 생각, 모두 계단이 작용하는 거예요. 오늘은 일이 잘 풀렸다고 들떴다가도 조금이라도 성취도가 떨어지면 전보다 못하다고 낙담해 버립니다.

고이데   저도 그랬어요.

고이케   기쁨 뒤에는 반드시 절망이 오기 마련입니다. 그러나 그런 고통, 다시 말해 상처에 내용이 없다면 그게 상처받을 만한 일인가 하는 거죠. 그런 식으로 접근하는 게 불교입니다. 내용이 없으니 절대로 상처받을 일이 없다. 대신 기쁨도 없다. 기쁠 것도 없지만 상처받을 일도 없는 겁니다.《무상게》에서 제행무상과 시생멸법 다음으로 생멸멸이(生滅滅已), 적멸위락(寂滅爲樂)이 이어집니다. 생기고 멸한다는 불안정함이 멸해 끝나 버리죠. 이것을 즐거움으로 승화시키면, 이윽고 아무것도 생기지 않으니 아무것도 멸하지 않고 단지 채우기만 하고 변동하지 않는 평안함이 남는다는 겁니다. 그런 이야기를 우리 절에서 수행하는 스님에게 했더니, 수행 보고서에 '다이아몬드는 부서지지 않는다'라고 썼더군요.

고이데 〈조조의 기묘한 모험(ジョジョの奇妙な冒険)〉이라는 만화의 제4부 제목인데요(웃음).

고이케 그 만화를 즐겨 시청했나 보죠. 그래서 저는 '다이아몬드는 지구가 폭발하면 소멸하잖습니까' 하고 농담 섞어 답을 주었습니다.

고이데 (웃음).

고이케 또 다른 스님은 결혼을 앞두고 상대 여성이 금반지를 받고 싶다고 했답니다. 아무래도 그 물질이 절대적으로 안정적이지 않겠냐는 거죠. 물질이 절대안정이라니, 있을 수 없는 일이잖아요? 신기하더라고요.

고이데 너무 황당하네요(웃음).

고이케 아무리 견고해 보이는 이념이나 사람, 물질도 반드시 우리를 배신합니다. 대충 보아도 그런데 세세하게 파고들면 0.0001초의 속도로 모든 것이 우리를 배신하고 있다는 걸 알 수 있습니다. 하지만 그 안에 얇은 막에 가로막힌, 겨우 랩을 끼워 넣을 수 있을 만큼 얇디얇은 곳에 상처받지 않아도 되는 영역이 있습니다. 순수한 깨달음만 있는 곳이죠. 지혜의 빛으로 모든 것을 환하게 비추고 있는 그곳에는 내용이 없습니다. 내용이 있는 것만이 상처를 받으므로 내용이 없다는 것은 결국 상처받을 일도 없다는 뜻이죠. 무너지지 않는 절대적인 안전지대에 줄곧 마음을 집중하면서, 무너지기 쉬운 계단 하나하나를 깨닫기만 할 뿐입니다.

모든 것을 씻겨 주는
순수한 깨달음

고이케 그런데 그 순수한 깨달음이 끝은 아닙니다. 여러분은 전자동 세탁기 역할을 해 주어야 합니다.

고이데 네? 죄송한데 너무 뜬구름 잡는 말씀이시라……. 무슨 뜻이죠?

고이케 전자동 세탁기를 돌린다고 생각하면 돼요. 아니, 전자동이니까 돌려야 하는 힘도 원래는 필요 없네요.

고이데 네?

고이케 그 전자동 세탁기는 섬세할까요, 허접할까요?

고이데 지금 이야기 흐름으로 보자면 허접하지는 않은 것 같아요.

고이케 섬세하죠. 섬세하게 만들어졌으니 너무 거칠게 다루면 망가져 버립니다. 거칠게 다룬다는 말은, 예를 들면 명상을 하다 보면 굉장히 강렬한 과거의 기억이나 트라우마 같은 게 떠오르거든요. 그러면 인간은 '이것이야말로 내 문제의 원흉이구나!'라고 생각해 버립니다. '이것을 잘 깨달아서 씻어 내면 크게 바뀔 거야'라고 해석해 버리죠. 한 계단을 다른 계단과 비교해서 특수하다고 여기는 겁니다. 또 '이 계단을 구석구석 씻어 내자'라는 생각으로 고기능의 전자동 세탁기에 세제를 넣기도 하고요. 설명서에 '세제가 필요 없습니다'라고 떡하니 적혀 있는데도 말이죠. 세탁기를 제대로 믿어 주면 그럴 필요가 없을 텐데 말입니다.

고이데 아⋯⋯.

고이케 이건 우주, 혹은 무한한 '절대 안심의 암흑 영역'이라는 이름의 강력한 세탁기입니다. 자신이 조금 꼼꼼하답시고 넣는 세제보다 훨씬 높은 세정력을 발휘하죠. 신뢰를 바탕으로 그저 순수한 깨달음으로 돌아가는 겁니다. 판단하거나 평가하지 말고, 의미를 부여하거나 해석하지도 않는 거죠. '그때 그건가?', '아니면 이건 가?' 이런 생각조차 일절 하지 말고 거울처럼 가만히 비추기만 하는 겁니다.

고이데 거울이 되라고요?

고이케 지혜의 눈으로 한 계단 한 계단을 거울처럼 비추면서 유연하게 관망하는 겁니다. '나타났구나', '그렇구나' 하고요. 끊임없이 이 자세를 유지하면 전자동 세탁기가 계단을 하나하나 씻어 줍니다. 그렇게 차근차근 착실하게 지키다 보면 내가 바꾸는 게 아니라 저절로 바뀌게 됩니다. 거듭 말하지만, 이건 전자동 세탁기니까요. '아직도 빨고 있어? 너무 늦잖아'라고 핀잔하면서 필요도 없는 버튼을 누르지만 않는다면 모두 자동으로 씻기기 마련입니다.

> 늘 새롭게 맞이하면
> 매 순간이 즐겁다

고이데 모든 것이 자동으로 씻긴다는 말은, 앞에서도 살짝 언급하셨던 기쁨 같은 감정도 씻어 버리는 건가요?

고이케 네. 씻어 냅니다.

고이데 그러면 상식적으로 '어? 기쁨이라는 감정까지 씻어 버리면 어쩌려고?'라는 반감이 생기지 않을까요?

고이케 그렇겠죠. 게다가 밥이 맛있다는 미각도 씻어 버립니다.

고이데 정말로요?

고이케 네. 하지만 씻어 내니까 더욱 맛있는 겁니다. 이해가 가는 지 모르겠네요. 신경이 매 순간 리셋되는 것과 같아서 갓 지은 따끈따끈한 밥을 매 순간 먹는 감각인 거죠. 그러니 순수하게 말해 밥을 먹을 때마다 맛이 아주 좋죠. '뭐야 이거, 꿀맛이잖아!' 할 겁니다(웃음). 굳이 표현하자면 이런 느낌입니다.

고이데 꿀맛이군요(웃음). 한 입씩 그런 식으로 맛보는 거군요. 부럽네요.

고이케 기쁨에 관해서도 마찬가지예요. 예를 들면 압도적인 자연이라는 이름의 예술—하늘이나 산, 달—을 만날 때, 그것이 다이

렉트로 '두둥!' 하고 개념을 부수고 마음에 들어옵니다. 거기에 감명을 받기도 하지만, 이 역시 계단에 불과합니다. 계단이니까 씻겨 내려가고, 씻어 내기에 또 다른 감명이 시시각각으로 찾아올 수 있는 겁니다.

고이데   그렇군요.

고이케   많은 분이 그런 질문을 합니다. 기쁨을 잃어 버리는 게 아닌가, 느끼지 못하게 되는 건 아닌가 하고요. 여러 사람이 불교에 공포를 느끼는 것 같은데요. 실은 반대입니다. 지나간 일에 '즐거웠다', '좋았어' 하고 감동할 때 뇌에서는 해마에 그 정보가 굉장히 강하게 저장되어 신경 회로가 패턴화합니다. 그리고 '반복되면 기분이 좋단 말이지, 더 해 봐'라는 지령을 내립니다. 그러면 반복하고 싶다는 갈망에 사로잡혀 자유를 잃어 버립니다. 그 점이 우선 안타까운 부분입니다. 또 하나는 기억에 강하게 들러붙어 버리는 겁니다. 신경이 같은 자극을 받아 마비되어서 '이것을 먹으면 기분이 좋겠지', '이것을 본다면 마음이 편해지겠지', '이것을 들으면 마음이 가벼워지겠지' 하고 기대하지만, 실상은 그다지 즐거움을 느끼지 못합니다. 같은 음식을 먹어도 매번 가치가 떨어지니까 반복할수록 점점 기쁨의 질이 떨어져 버리죠. 이런 일을 막으려면 생성된 것을 끊임없이 깨끗하게 씻어 내는 수밖에 없습니다. 기쁨이나 식사의 즐거움도 모두 한 번으로 흘려보내야 합니다. 늘 리셋해야 하죠.

고이데 지금 하신 말씀을 굉장히 공감해요. 저도 지금보다 어렸을 때는 자극적인 것을 좋아해서 찾아다니곤 했거든요. 뭐랄까, 과거에는 롤러코스터를 타듯 짜릿한 것을 좋아했어요. 취향이나 취미 모두요. 왜 그런 자극을 찾아다녔는지 생각해 봤더니, 그래야 행복해질 수 있다고 믿었던 것 같아요.

고이케 그 말이 맞습니다. 인간이라면 누구나 행복, 괴로움에서 벗어나는 길을 소박하게나마 추구하고 있거든요.

고이데 오로지 괴로움에서 벗어나고 싶었어요. 그래서 놀이공원에 가서 롤러코스터를 타거나 유령의 집에 들어갔어요. 관람차나 비교적 완만한 놀이기구도 마찬가지지만, 무작정 놀이기구에 빠져서 자극을 받아야만 고통을 잊을 수 있다는 착각으로 몸도 마음도 망가질 때까지 그런 것만 따라다녔죠. 그런 게 행복이라고 착각했던 것 같아요. 하지만 더 괴로워지기만 했죠. 패턴 속에 빠져들었던 거였네요. 지친 시점에서 '이건 아닌데' 하고 깨달을 수 있었다면 좋았을 텐데 말이죠. 요즘은 놀이기구를 졸업하고 놀이공원에 있는 벤치에 편히 앉아 모든 광경을 미소 지으며 감상할 줄도 알아서 꽤 편해지기는 했어요. 하지만 '고통 루프'와 같은 환경에서 근본적으로 탈출하기 위해서는 매 순간 발생하는 일을 끊임없이 씻어 내는 수밖에 없겠네요.

고이케　그런데 지금 깨닫고 있으신가요?

고이데　돌발 체크인가요(웃음)? 죄송해요. 솔직히 말하는 데에 너무 집중해서…….

고이케　매 순간 깨달음을 얻으시기 바랍니다.

끝이 없는 인생 게임에서 내리고 싶다면, 별자리 대백과를 읽자

고이데　네. 노력하겠습니다. 그런데 방금 스님이 《마음의 부적 : 불교적 자연체의 첫걸음(こころのおまもり : 仏教的自然体の手ほどき)》이라는 책을 꺼내셨잖아요. 그 책 안에 좀 놀라운 내용이 실려 있더라고요. 요약하면 "인생의 만족 게임이란 굉장히 지루한 게임, 한

마디로 엿 같은 게임이다"라고요(웃음).

고이케 어떻게든 배신당하니까요. 배신당하지 않으려고 무언가를 추구하는 동안에는 내내 그렇겠죠.

고이데 엿 같은 게임이란 꽤 폭탄적인 표현인데요. 인생이라는 무대에서 '굉장히 만족스러워 완전히 충족한다면 클리어'라는 건 없다는, 그러니까 이 게임에는 끝이 없다는 뜻 같아요.

고이케 그렇습니다. 논리적으로 생각하면, 게임을 이어 가는 것은 굉장히 파멸적인 행위입니다. 뇌가 파열할 것 같은 개똥 같은 소리이고, 아무런 쓸데없는 일이죠.

고이데 그런 게임에서 이제 그만 내려오고 싶어 하는 사람이 요즘 들어 어마어마하게 늘어난 것 같아요. 의식을 했건 못했건 모두 마음 깊은 곳에서는 바라고 있어요. 하지만 게임에서 벗어나는 방법을 모르니 모두 갈피를 못 잡는 게 아닌가 싶어요.

고이케 그럴 때는 말이죠. 별자리 대백과를 읽으면 좋습니다.

고이데   별자리요? 어찌 또 이리 갑작스러운⋯⋯(웃음).

고이케   서점에 가서 별자리 사전을 사는 거예요. 별자리 대백과에는 불필요한 말은 적혀 있지 않잖아요. 그저 페이지를 펼쳐서 감정이 나타날 때마다 '지금은 이 별이야', '지금은 이 자리구나', '틈이 보이네', '우주가 펼쳐져 있구나'와 같은 식으로 천체를 관측하는 거죠. 그러는 사이에 번쩍 눈이 뜨이는 순간이 오지 않을까요. '절대 안심의 암흑 영역' 안에 계속해서 유연하게 마음을 두고 그곳에 나타나는 별, 혹은 우주의 빛 계단을 순수하게 깨닫는 겁니다. 제행무상과 별다르지 않은 곳에 있는 생멸멸이, 적멸위락에 대해 이해하기 쉬우니 꼭 읽어 보라고 권하고 싶네요(웃음).

고이데   알겠습니다. 집에 가는 길에 서점에 들러야겠어요(웃음).

> 상처란 환상일 뿐,
> 처음부터 아무 일도 일어나지 않았다

고이데   오늘 인터뷰 중에 아주 가까운 곳에 상처받지 않는 곳이 있다는 말씀을 여러 번 하셨는데요.

고이케 류노스케

고이케　다들 신경을 끄면 돼요. 상처받은 것 같지만 실제로는 기분 탓이죠. 신경 쓰는 감정이 너무 강해서 실제로 상처가 생겨 버리는 거예요. 하지만 그게 다거든요.

고이데　미국의 명상지도자 래리 로젠버그[02]의 《호흡이 주는 선물》이라는 책에 이런 구절이 있더라고요. "평온을 어디에서 찾을 수 있을까요?" 여기에서도 얇은 투명한 막 사이에 있는 틈과 같은 맥락으로 메시지를 전하고 있는 것 같아요.

고이케　상처라는 환상과 안락은 늘 공존합니다.

고이데　공존하는군요.

고이케　네. 함께 있습니다. 어릴 적부터 지금까지 상처를 받지 않은 사람은 없지만, 정확히 말하면 상처를 받았다고 오해하고 있을 뿐이에요. 다들, 저도 당신도.

고이데　상처받았다는 것은 혼자만의 생각인 건가요?

고이케　그렇습니다. 우주의 빛의 계단을 걷는 사람은 아무도 없으니까요. 애초에 존재하지도 않는데 상처받을 수 있겠어요? 하지만 계단 위를 걷고 있는 것처럼 사실적으로 그리니까 상처받는 사람이 그곳에 있는 것 같고, 또 실제로 상처받는 것과 같은 효과가 나타나는 겁니다. 상처받았다고 믿으면 원래는 실재하지 않아도 효과가 나타납니다. 하지만 그 계단을 무한정 감싸 안는 우주의 절대 안정 영역으로 마음을 돌리면 상처받았다, 괴로웠다, 힘들었다, 이런 말로 빛을 내는 계단들은 한순간에 퇴색해 버립니다. 그 계단들을 포섭하는 압도적으로 광대하고 무한한 우주는 하나도 상처받지 않으니 처음부터 아무 일도 일어나지 않았음을 알게 됩니다. 그런 시각을 유지하면 상처라고 믿고 있던 계단이 오히려 위로의 계단으로 탈바꿈합니다. 그렇게 계단 하나하나가 매 순간, 혹은 지금 치유되어 가는 겁니다. 엄밀하게는 상처받았다는 환각이 하나하나 소멸해 가는 거죠. 얘기가 나온 김에, 지금 이 순간 나타나는 계단에 마지막으로 조금 집중해 볼까요?

고이데 네.

고이케 지금 어떤 조화로운 기분이나 평온함, 좋다고 느끼는 감정이 떠오를지도 모릅니다. 혹은 완전히 관계없는 일을 생각할지도 모르고요. 한편으로는 걱정이나 혐오감이 섞여 있을지도 모르죠.

그것은 말로 형용할 수 있을지도 모르고 말이 되기 이전의 신체감각일지도 모릅니다. 어느 쪽이건 그것을 좋고 나쁨으로 구분하지 말고, 멈추거나 막으려고도 하지 않고, 빠져들지도 않으며 애정을 느끼지도 않은 채 그저 나타나는 대로 '그렇구나' 하고 계단 하나하나가 빛나도록 내버려 두는 겁니다. 무언가를 생각한 순간에 '이거야', '아니, 그건 아닐 걸', '다음에는 이렇게 하자', '그다음에는 또 이렇게 해야지', 혹은 깨달으면 깨달은 채로 '분명히 바뀔 거야', '이렇게 배신하는 건가' 이런 형태로 별이 차례대로 깜박거립니다. 세 번째 계단이 있었다면 '세 번째 계단이 있었어'라고 생각합니다. 그 세 번째 계단을 인식한 시점이 네 번째 계단이고, 네 번째 계단이 있었다고 생각한 지점이 또 다섯 번째 계단이고…… 이런 식으로 굉장히 빠르게 다음 계단이 빛을 냅니다. 그 계단에 너무 찰싹 달라붙지 않도록 주의하기 바랍니다.

고이데　잘 이해를 못 하겠어요, 스님.

고이케　계단을 오롯이 감싸 안고, 영역에 제한을 받지 않은 채 어디까지고 부드럽게 뻗어 나갑니다. 생각을 하면 새로운 계단이 빛나게 됩니다. '이것도 계단인가' 하고 생각하면 새로운 계단이 빛납니다. '앗, 이것도 계단이었어!' 하고 생각한 순간에도 새로운 계단이 생겨나 빛을 내죠. 모든 감정과 생각, 말로 표현되는 것과 되지 않는 것, 기분, 정념…… 그것들이 수백 년도 전부터 줄곧 연결고리를 이어 왔으며 지금에 이르러 필연적으로 나타나고 있습니다. 달리 형용할 길 없이 생성되었다가 소멸해 가는 것을 그저 부드럽게 감싸 안고 의식의 문을 닫은 채 깨달음에만 집중하는 겁니다. 그곳에 나타나는 욕망, 분노, 무지, 이론을 갖고 노는 기분도, 혹은 우월감이나 열등감, 때로는 지혜나 따스한 마음까지도 모두 계단의 일부에 지나지 않습니다. 빛을 냈다가 사라지면 또 다음 계단이 빛을 냅니다. 넓디넓게 펼쳐져서 자동적으로 빛을 내었다가 사라지는 계단을 따스하게 포섭하면서 끝없이 이어지는 우주가 말입니다.

고이데 …….

고이케 …….

고이데 이러다가 영원히 자리 잡고 앉아 버릴 것 같으니 오늘은 이쯤에서 마무리 짓는 게 어떨까요.

고이케 그럴까요(웃음).

고이데 오늘 감사합니다. 뭐랄까요. 이렇게 수행하는 느낌으로 대화한 건 처음일지도 모르겠습니다. 느닷없이 돌발 체크를 쿡쿡하시니.

고이케 그렇게 말씀하시는데, 지금 깨닫고 있습니까? 진짜, 진짜, 진짜로 깨닫고 있으신가요?

고이데 또 그러신다! 너무 빡빡하신데요(웃음). 하지만 늘 깨달음과 함께하도록 앞으로 정진하겠습니다. 오늘 바쁘신데 귀한 시간을 내주시고 자세하게 지도해 주셔서 정말 감사합니다.

01 《열반경》에 나오는 네 구로 이루어진 불교 시. 흔히 제행무상게라고 한다.

02 래리 로젠버그(Larry Rosenberg). 사회심리학자이자 미국 위빠사나 명상지도자. 시카고대학
   교 교수를 역임했으며, 케임브리지 통합명상센터를 설립했다.

제
4
장

매 순간
비우면서
살아가는
진흙부처 인생

호리사와 소몬

堀澤祖門

1929년 니가타현(新潟県) 출생. 산젠인(三千院) 제62대 문주. 교토대학교 경제학부 재학 중 천태종(天台宗)의 총본산이 있는 히에이잔(比叡山)에 오른 것을 계기로 불도를 더욱 깊이 공부하고자 학교를 중퇴했다. 천일회봉행(千日回峰行, 천 일 동안 히에이잔을 돌면서 정해진 장소에서 수행하는 것)을 완료한 천태종 스승 에나미소켄(叡南祖賢) 밑에서 계를 받았다. 전후 최초로 12년 정신수행을 달성한 후 인도의 니혼잔묘호지(日本山妙法寺, 법화종 계열의 종교법인으로 세계 각지에서 평화운동을 전개)와 임제종 다이토쿠지(大德寺)에서 학문하는 등 종파를 초월해 교류했으며, 재가 불자를 지도하기도 했다. 2000년부터 천태종 스님을 양성하는 에이잔학교(叡山学院) 교장, 2002년에는 천태좌주가 되는 등용문 〈토즈설법〉의 설법사 소임을 지냈으며, 2013년 12월 산젠인 문주로 취임했다. 저서로《우리는 모두 부처(君も仏, 私も仏)》등이 있다.

깨달음 따위는
어디에도 존재하지 않는다

고이데 얼마 전에 아베 토시로[01] 씨와 함께 출간하신 책《삶이 즐거워지는 깨달음의 길(生きるのが楽になる「覚り」の道の歩き方)》을 읽었습니다. 정말 경이로운 내용이 담겨 있었어요. 감동했습니다. 여러 의미에서 장벽 없는 책이라고 할까요. 읽을수록 깨달음에 대해 무의식적으로 들었던 오해가 하나둘 씻겨 나가는 느낌이었습니다.

호리사와 저는 말이죠. 깨달음이라고 하는 개념, 관념을 들고 있는 자체가 잘못되었다고 생각해요.

고이데 저… 이 인터뷰 제목이 〈열려라! 깨달음이여!〉인데요.

호리사와 하하하! 그러니까 선종 스님이 농을 부렸나 보군요. 석가라는 개구쟁이가 세상에 나와서, 어쩌고 하는 노래도 있잖아요.

고이데 잇큐[02] 스님 말씀이시군요. '석가라는 개구쟁이가 세상에 나와서 사람들을 후리고 있는가'라는 굉장히 도발적인 노래 아닌가요?

호리사와 석가모니 부처님이 직접 깨달음이란 단어를 사용했는지는 몰라도, 주위 사람들은 그렇게 보잖아요. '석가모니 부처님은 깨달음을 얻으셨다. 나도 깨달음의 경지에 이르고 싶다'라고요.

고이데 그렇게 되는군요.

호리사와 고이데 씨는 그렇지 않나요(웃음)? 깨달음을 얻기 위해서 긴긴 세월 동안 온갖 고통과 시련을 견디며 살고 있잖아요.

고이데 윽, 가슴에 비수를 맞은 것 같아요(웃음).

호리사와 저도 그랬으니까요. 하지만 깨달음 따위는 어디에도 없더군요.

고이데 깨달음 따위는 어디에도 없었다고요?

호리사와 없었다기보다는 지금 모습 그대로 부처나 진배없다는 뜻입니다.

고이데   지금 모습 그대로 부처라…….

호리사와 이 사실을 알아차리기까지가 고행이죠. 종교계에서는 마치 깨달음이란 것이 존재하는 양 홍보합니다. 개념으로 만들어 버렸어요. 원래는 그 개념을 부수지 않으면 안 되는데 말입니다.

> 우리는
> 원래 하나다

고이데   스님은 자주 틀을 깨트리라고 말씀하시잖아요.

호리사와 맞아요. 개념이나 관념에는 현실감이 없으니까요. 머릿속에서 이리저리 굴려서 만들어 낸 것 아니겠어요? 이건 모두 망상입니다. 틀을 깨부수지 않으면 아무것도 시작하지 못해요.

고이데   그렇군요. 저도 줄곧 여기가 아닌 머나먼 곳, 말하자면 '깨달음의 원더랜드' 같은 곳이 반짝반짝 빛나고 있을 거라고 믿었어요. 하지만 그건 단순한 착각이었죠.

호리사와 그게 바로 틀입니다.

고이데 어느 날 스스로 그 틀을 깨부순다고 할까요. 초월할 것 같은 느낌을 받았어요. '내가 추구하던 세상은 다른 어디가 아니라 바로 이곳에 있었구나! 그토록 찾아 헤매던 그곳과 지금 있는 이곳이 하나였구나!' 하고요. 언젠가 여기가 아닌 깨달음의 세상에 도달하면 안심하고 살아갈 수 있을 것 같았어요. 그런데 지금 이곳 외에 다른 세상은 없더라고요. 지금 이곳에 모든 것이 존재하고 있었던 거죠. 지금 여기에서 모든 것이 다른 개성을 유지하면서 하나로 존재하고 있고 분리감이라고는 없었습니다. 아, 제대로 설명을 못 하겠네요.

호리사와 그래요. 우리는 평소에는 분리된 세계를 살고 있습니다. 하지만 본질적으로는 하나죠. 거꾸로 말하면, 기본적으로 하나이니까 분리되어도 상관없고요. 사람들은 저마다 가지고 태어난 생명을 각자 방식으로 살고 있다고 믿으니까 하나라고 설명해도 받아들이기 어렵겠지만, 어쨌거나 하나라는 것을 아는 게 중요합니다.

파도가 아닌
물의 삶을 산다는 것

호리사와 세계적으로 유명한 베트남 출신의 틱낫한[03] 스님은 이것을 파도와 물에 비유해 알기 쉽게 설명했습니다.

고이데 파도와 물이라고요?

호리사와 우리는 드넓은 바다를 떠도는 파도와 같은 존재라는 겁니다. 하나하나의 파도는 각자 파도로서의 삶을 살고 있으면서 동시에 물의 삶을 살고 있기도 하다는 거죠. 많은 사람이 자신을 파도라 생각하며 살고 있습니다. 그러나 파도는 동시에 물이기도 합니다. 물의 삶은 사멸하지도 발생하지도 않아요.

고이데 알기 쉬운 비유네요.

호리사와 틱낫한 스님은 재미있는 사람입니다. '깨달음의 호흡법(명상)'을 설명할 때도 누구나 따라 할 수 있도록 상당히 알기 쉬운 표현을 씁니다. 빨아들인다고 생각하면서 숨을 들이켜고, 토해 낸다고 생각하면서 숨을 내쉬라고요. 행동하는 모든 것에 깨달음이 있다. 모든 것을 스스로 깨닫게 되어 있다고 하죠.

고이데 깨달음의 주체는 개인으로서의 자아여도 좋은가요?

호리사와 맞아요. 자신이 깨닫고 있어야 합니다. 깨달음을 얻는 행위 자체가 명상이라는 거죠. 그 행위를 하는 동안에는 모든 것이 갑자기 사라집니다.

고이데 아까 말씀을 빌리자면, 분리조차 사라져 버린다는 건가요? 아주 간단한데도 파워풀한 명상이네요.

호리사와 이 명상은 언제나 가능해요. 지금 걷고 있다는 것을 깨달으면 명상이고, 지금 말하고 있음을 깨달으면 이 역시 명상이거든요. 그러니까 깨달음이라는 것을 기본으로 깔고 생활하면, 하루 종일 모든 것이 명상에 포함되는 겁니다.

고이데 어째서 깨달음이 명상이 될 수 있는 거죠?

호리사와 인간이란 보통 정신(의식)과 몸이 나뉘어 있는 경우가 많아요. 특히 최근에는 다들 하루 종일 스마트폰만 들여다보면서 모든 걸 생각해 버리잖아요. 지금 자신이 어디에 있는지도 의식하지 않아요. 동시에 두 개, 세 개 다른 일을 하는 게 능력이라고 착각하죠. 하지만 집중력을 방해하기만 합니다. 집중이란 정신(의식)과 몸이 하나가 되는 겁니다. 자신이 지금 무엇을 하고 있는지 깨닫는 동안에는 그 일과 자신이 하나로 연결되어 있어요. 이것이 명상이란 겁니다. 석가모니 부처님도 그런 식으로 명상했다고 전해지고요.

고이데 그렇군요.

호리사와 이런 이야기도 있어요. 어떤 사람이 석가모니 부처님 계신 곳을 방문했습니다. 그리고 "당신이 어떤 수행을 하고 있는지 알려 주십시오" 하고 물었어요. 부처님은 "아침에 일어나 세수하고 이를 닦고 명상을 하고……"라는 답을 들려주었습니다. 하루종일 줄곧 평범하게 생활하고 있었던 겁니다. 그랬더니 방문자는 기다리다 못해 이렇게 말합니다. "저는 그런 걸 알고 싶어서 여기까지 온 게 아닙니다. 당신이 하는 특별한 방법을 알고 싶다고요." 부처님은 또 대답합니다. "나는 얼굴을 씻으면서 얼굴을 씻는다는 깨달음을 얻습니다. 깨달으면서 이를 닦고 깨달으면서 차를 마시죠. 그게 보통 사람들과 다른 점 아닐까요?"

고이데 음, 깊은 뜻이 숨어 있었네요. 참! 2015년 골든위크 때 틱낫한 스님 제자들이 일본에 온 적이 있잖아요. 저도 강연회에 참석했거든요. 그 강연회 제목이 〈행복으로 가는 길은 없다. 행복이 길이다〉였어요. '열반으로 가는 길은 없다, 열반이 바로 길이다'라는 틱낫한 스님의 유명한 말을 본떠서 지은 것 같은데, 지금 말씀하신 '깨닫는 삶'과 같은 맥락으로 보여요.

호리사와 같은 말이죠. 부처가 되는 길은 없다. 이미 부처이므로.

고이데 이미 그 자체임을 인정할 뿐이라는 거네요.

호리사와 저는 그렇게 생각하고 마음을 내려놓았습니다. 그전에는 무언가 부족한 것 같아서 계속 수행했는데 말입니다.

고이데 스님은 오랫동안 꽤 엄격한 수행을 해 오셨잖아요. 12년 정신수행⁰⁴이라는 천태종에서 가장 어렵기로 소문난 수행을 마치셨고, 그 후에는 홀로 인도에 가시기도 했고요.

호리사와 마음을 내려놓은 건 겨우 최근의 일입니다. 파도와 물의 비유에 관한 이야기를 접한 후로 정리가 되었다고 할까요. '그랬구나' 하고 저항 없이 들어오더군요.

고이데 저항 없이요? 그 순간에 틀이 사라진 걸까요? 틀이 있으면 저항하게 되더라고요. 틀 자체가 저항해 버린다는 느낌이에요.

호리사와 틀을 '에고'라고도 하잖아요. 의식이라고도 하고요.

고이데 그게 아주 자연스럽게 부서졌다는 말씀이시죠?

호리사와 마치 자연현상 같았죠. 낙엽이 흩어지는 것 같은 자연스러움. 개인적으로 타이밍도 좋았어요. 시기가 맞아떨어졌던 거죠.

> 진흙탕에 뒹굴어도
> 모두가 부처

호리사와 그런데 말이죠. 파도와 물의 비유로 납득할 수 있는 사람도 있지만, 좀처럼 이해하려 들지 않는 사람도 있어요. 그런 사람에게는 진흙부처(泥仏)라는 표현을 써 주면 돼요.

고이데 진흙부처라고요?

호리사와 파도는 물 자체라고 아무리 입 아프게 말해도 어떤 사람은 '그래서 어쩌라고?'라는 반감을 가지기도 합니다. 하지만 진흙과 부처로 예를 들어 주면 훨씬 쉽게 받아들이죠. 모두 진흙을 뒤집어쓴 진흙투성이의 부처다. 그 진흙을 지나치게 신경 써서 문제일 뿐 신경 쓰지 않으면 아무것도 아니라는 거죠.

고이데　신경 쓰지 않으면 되는군요(웃음).

호리사와　신경 쓰기 시작하면 문제가 돼요. 진흙을 의식하기 시작하면 떨구어 내려고 하잖아요. 그러면 또 이게 귀찮아지죠.

고이데　저도 오랫동안 진흙을 떨어트리는 게 수행이라고 생각했어요.

호리사와　다들 그렇게 믿고 싶어 하죠. 인간이면 깨끗해지고 싶은 욕구가 있으니까요. 그건 알아요. 하지만 진흙을 떨어트리지 않으면 안 된다는 욕구가 오히려 부처임을 인정하지 못하도록 방해합니다. 하쿠인 스님 말씀 중에 '중생은 본디 부처다'라는 말이 있는데요. 읽고 의미는 알 것 같은데, 자신이 부처라는 사실은 좀처럼 인정하기 어렵죠.

고이데　그런 것 같아요.

호리사와 모두가 부처입니다. 진흙을 뒤집어써도 부처입니다. 부처가 본체이니까 진흙을 의식해서는 안 된다는 거죠. 신경 쓰면 그 것을 씻어 내려고 생각하잖아요? 그러면 또 시간을 따로 써야 하잖아요. 그러면 현재가 아니게 되는 겁니다. 현재가 중요한데 말입니다.

고이데 언젠가 부처가 되겠다는 것이 아니라 지금이 부처라는 거죠?

호리사와 네. 인정하기만 하면 됩니다.

깨달음을 얻는 데는 출·재가가 따로 없다

호리사와 며칠 전에 고향의 친한 지인한테《삶이 즐거워지는 깨달음의 길》을 보냈거든요. 읽어 보니 뭐라고 하는 줄은 알겠는데, 본인은 도저히 불가능할 것 같았다고 말하더라고요. 사람마다 다르다는 것은 알지만 내게는 무리다. 그 책을 읽어도 이런 식으로 자신을 제외해 버리는 경우가 있어요. 돌부리에 걸려 넘어지는 경우죠.

고이데 깨달음을 위해 장벽을 허물어 주는 놀라운 책을 읽어도 자신은 다르다, 깨닫지 않았다고 생각해 버리는 거군요. 깨달음이란 건 특별한 세계니까 본인과는 별세계라고요. 인간의 착각이란 참 강렬해요.

호리사와 그 착각을 만들어 낸 것은 첫 번째로 스님들의 특권의식입니다. '일반 사람'이라거나 '재가자'라는 표현이 나올 수밖에 없게 만들어요. 하지만 원래 깨달음에는 재가든 출가든 관계없어요. 일반이든 재가든 세속이든 말이죠. 이것 역시 진흙입니다.

고이데 스님들 입장도 있겠지만, 우리도 책임이 있어요. 스님이란 직책은 수행을 거듭한 비범한 인물이다, 특별한 세상을 알고 있는 사람이다, 우리 세속의 인간과는 다르다, 이런 생각을 갖고 있으니까요.

호리사와 일반인 중에도 그런 사람이 있군요. 그게 장벽이라고 해야 할지, 아무튼 방해가 되거든요. 평범한 사람이 그대로 깨달음 속에서 살아가기는 쉽지 않을 거예요. 하지만 요즘에는 일본 사람이건 외국인이건 그렇게 살아가는 사람이 많이 늘고 있기는 합니다.

고이데   일본에서는 스님과 함께 책을 낸 아베 토시로 작가가 메신 저로서 유명하잖아요. 최근에는 오와다 나호[05] 씨의 강연회도 인기를 얻고 있는 것 같고요.

호리사와 그 두 사람과 인연이 있기는 합니다. 그런 사람은 지금 시대에 많아요. 하지만 불교계에 몸담은 사람들은 그 사실을 모르더 군요. 그래서 스님들한테 말하고 싶습니다. 불교계 사람들이 깨달 음을 자기들만의 특권이라고 생각하면 이미 아웃이라고요. 지금 은 일반 사람들이 훨씬 열심히 그런 걸 찾아다녀요. 그러니까 종 교인이다 뭐다 하는 식으로 틀에 끼워 넣고 생각하는 것 자체가 틀린 겁니다. 특히 종파가 문제입니다. 불교라고 칭하는 것도 틀 인데, 일본은 종파에서 시작해 종파로 끝이 나거든요. 그런 식으 로 잘게 쪼개서 뭉쳐 버리죠. 일본뿐 아니라 종교라는 게 원래 그 런 틀이긴 하지만요.

고이데   종교 자체가 틀이란 말씀이시군요.

호리사와 네. 그 틀을 깨부수는 게 중요해요. 《반야심경》에 '색즉시 공(色卽是空)'이라는 말이 나옵니다. 이 세상에 존재하는 모든 물 질(色)은 실체가 아니(空)라는 뜻입니다. 틀을 부순다는 것은 '색'

에 집착하는 상태에서 벗어난다는 말입니다. 색은 온갖 조건을 만드는 요소예요. 하지만 '공'이라는 과정을 거치지 않으면 인간은 그 틀을 부수지 못하죠.

공감명상(空感瞑想)을 통한
비우기 기술

고이데 공을 수행하는 방법 중에, 아까 말씀하신 깨달음의 명상이 효과적일 것 같은데요. 스님은 저서에서 공감명상(空感瞑想)이라는 방법도 전파하고 계시잖아요. 구체적으로 어떤 명상법인지 알려 주시겠어요?

호리사와 제가 하는 명상은 머리에서 발끝까지 온몸을 비워 낸다고 할까요. 물질로 이루어진 모든 것을 비워 내는 겁니다. 우선 머리 끝부터 버려 가는 겁니다.

고이데 머리끝부터 버린다고요?

호리사와 그런 이미지를 갖는다는 거죠. 이미지니까 버리고 못 버리고에 집착할 필요가 없어요. 편하게 버리면 됩니다. 버리면 그만큼 가벼워지거든요. 몸에는 내용물이 가득 차 있는데, 덜어 낸 부분부터 비워지는 겁니다. 들어찬 것을 모두 버려요. 제거해 가고, 그것을 머리끝부터 발끝에 있는 발톱까지 스윽 거칩니다. 몇 번이고 반복하면서요. 그러면 점점 가벼워지는 걸 알 거예요. 이게 바로 공감(空感), 즉 비어 있는 마음이죠.

고이데 생각이 날 때마다 늘 하는 건가요?

호리사와 네. 공을 느끼면서 차를 마시고 이를 닦죠. 자고 있을 때도 가능해요. 아까도 말했지만, 24시간 명상하는 거예요. 언제 어디에서건 공을 느낄 수 있도록 하는 거죠. 전부 비우면 편해져요. 좋은 일이건 나쁜 일이건 모두 버리면요.

고이데 좋은 일도 버린다니, 멋지네요. 깔끔해요.

호리사와 물질에 속하는 모든 조건을 만들어 내는 요소. 그것들을 모두 버리지 않으면 비우지 못해요. 형체라는 것을 제거한 게 비움이니까요. 그러니 모조리 버려야 해요. 온몸을 무의 상태로 만드는 거죠. 좋은 일이건 나쁜 일이건 말끔하게 비워 내요. 그렇게 하다 보면 마지막에는 인간의 윤곽만 남아요. 그 작업을 반복하면 전부 비우면 편해져요.

좋은 일이건 나쁜 일이건

모두 버리면요.

점점 공감도가 높아진다고 할까요. 비움의 경지가 높아지죠. 참 쉽죠?

고이데　심플해서 좋네요. 가르쳐 주셔서 감사합니다.

깨달음을
체험하지 않아도 좋다

고이데　석가모니 부처님처럼 한번에 팍 와 닿는 거창한 깨달음이 없어도, 즉 일반적으로 말하는 깨달음을 체험하지 못해도 이 공감 명상을 하다 보면 '이런 거구나!' 하고 서서히 알게 될 것 같아요.

호리사와　모든 사람이 깨달음을 체험하고 비움을 경험할 수 있는 건 아닙니다. 그런 체험이 가능한 사람은 아주 일부예요. 하지만 부러워할 필요 없습니다. 공감 체험으로 충분해요. 아까도 말했지만, 비움을 체험하건 못하건 모두 출렁이는 파도 하나하나에 지나지 않습니다. 커다란 파도일지도 모르고 잔물결일지도 모릅니다. 깔끔한 파도일지도 모르고 탁한 파도일지도 몰라요. 하지만 그런 파도는 모두 진흙에 불과합니다. 그것이 전부 근본적으로는 물이라는 이치를 안다면 통달한 거예요. 진흙을 뒤집어쓰긴 했지만,

부처라는 걸 말이죠.

고이데 '이대로도 부처다', '나는 부처다'라는 거죠? 그것을 마음 깊은 곳에서 받아들일 수 있으면 그것으로 족한 거네요.

호리사와 그렇습니다. 하지만 일단 비워 내기는 했지만, 인간이란 결국 물질세계에서 살아가야 하는 존재입니다.

고이데 아까 물질이 비워 내는 과정을 거친 후 다시 물질로 돌아온다고 말씀하셨죠. 첫 번째 물질은 색즉시공의 색, 두 번째 물질은 공즉시색의 색인가요? 물론 최종적으로는 그런 구별이나 순서가 사라지겠지만요.

호리사와 처음의 색을 불교에서는 실유(實有, 변하지 않고 소멸하지 않음-역주)라고 합니다. 물질세계, 실제로 존재한다고 믿는 세계죠. 그래서 집착하지만, 그것은 환상에 불과합니다. 실유를 초월하기 위해서는 비우는 과정을 거쳐야 합니다. 비워 낸 후의 형체, 이것을 가유(假有)라고 해요. 환상임을 꿰뚫은 후의 형체죠. 일시적으로 존재한다는 뜻에서 가유라 하죠. 가유 안에서 살고 있는 사람은 깨달으면서 살고 있다고 봐도 돼요. 그런 사람은 모든 평범한 사람이 집착하는 것에 손을 대지 않습니다. 보기만 할 뿐이죠. 모두 집착하잖아요? 돈이나 지위, 깨달음에 대해서도요.

고이데 깨달음에도 집착하긴 하죠(웃음).

호리사와 집착을 하니까 여기저기에서 분쟁이 일어나는 겁니다. 물질이 풍요로우면 싸움을 하지 않지만, 한정된 것을 여럿이 가지려고 하니까 싸우게 되죠.

물질세계에서 일어나는 일에
신경 쓰지 말 것

호리사와 틀 안에 존재하는 한 인간의 사고로는 이해타산을 따질 수밖에 없습니다. 생물이 모두 종족을 보존하려는 본능으로 살아가는 것도 사실이고요. 그렇지 않으면 죽어 버리죠. 아니면 멸망하거나. 그것이 생명이란 겁니다. 자신만 좋으면 된다는 생각은 위험하지만, 생명으로서는 어떤 의미에서 당연한 거죠. 박테리아나 식물도 모두 마찬가지예요. 그러니 실유의 세계에서는 분쟁을 피할 수 없어요. 그것이 싫으면 그 틀에서 나오는 수밖에 없죠.

고이데　실유가 바로 물질이자 틀이군요. 그것을 깨트리는 수밖에 없고요.

호리사와　그렇죠. 실유의 세계는 상대적이니까요. 그곳에는 나와 타인이 반드시 함께 존재하거든요. 그 세계에서는 좋은 것을 손에 넣었을 때 승리했다고 합니다. 취하는 것이 없어지면 상대의 것을 빼앗죠. 그것이 분쟁으로 이어지고요. 실유는 이원상대(二元相對)의 세계예요. 그곳에서 나오지 않으면 싸움을 멈출 수 없어요. 석가모니 부처님이 출가한 이유도 여기에 있습니다. 인생은 고통이라는 거죠. 생로병사 중 어느 것을 보아도 고통이라고요. 이런 고통 속에 살고 있는 인간이란 도대체 뭔가 하고 고민한 겁니다. 이렇게 부조리할 수가 있나 하고요. 그런 커다란 의문을 품으면서 부처님은 출가했습니다. 그리고 마지막에 해탈에 이르렀죠. 보리수 아래서 진리를 깨달았을 때는 생로병사 때문에 괴로워하지 않는 인간이 되어 있었습니다.

고이데　생로병사 자체는 아무리 석가모니 부처님이라도 겪는 과정이잖아요. 하지만 한번 비워 낸 다음에는 더 이상 문제가 되지 않았다는 거군요.

호리사와 그런 겁니다. 육체를 가진 인간은 생로병사 자체에서 벗어날 수 없습니다. 하지만 석가모니 부처님은 자신의 육체라는 것을 물질로 보았다가 비워 내는 과정을 통해 초월한 존재로 볼 수 있게 된 거죠. 그 결과 완전히 틀 밖으로 빠져나올 수 있었고, 생로병사 따위에 연연하지 않는 경지에 이른 겁니다. 그러니 우리도 부처님을 본받아 물질세계에서 일어나는 일을 신경 쓰지 않으면 됩니다.

고이데 신경 쓰지 않으면 되는군요! 맞아요! 물질세계에서 무슨 일이 일어나든 상관하지 않는다. 관여하지 않는다……

호리사와 바로 그겁니다.

> 활짝 편 손안에
> 우주가 있다

호리사와 아까 물질세계를 이원상대라고 말했는데요. 그와 대비되는 표현으로 비움의 세계를 일원절대(一元絶對)라고 할 수 있습니다.

고이데 일원절대요?

호리사와 일반적으로 '절대'란 오해받기 쉬운 단어인데요. 원래는 '상대를 끊는다'라는 뜻으로 뒤집어서 읽어야 합니다. 한문을 제대로 읽으면 말이죠. 천태종에서도 상대묘(相待妙)와 절대묘(絶待妙)라는 표현을 쓰거든요. 절대가 되는 진리에는 두 종류가 있다고 합니다. 상대적인 절대와 절대적인 절대가 있다는 거죠. 상대적인 묘라는 것은 상대 관계의 묘입니다. 절대의 묘란 대립 관계를 끊었다는 의미에서의 절대입니다. 비움, 즉 일원인 거죠.

고이데 대립하는 것 자체가 없다는 뜻이군요.

호리사와 네. 대립이 사라진 상태의 진리입니다.

고이데 흔들리지 않는 진리네요.

호리사와 맞아요. 절대적인 세계를 살아가는 사람은 상대적인 세계에서 일어나는 일에 전혀 관심을 두지 않아요. 물질세계는 참견만 하는 세상이죠. 그렇지 않나요? 하지만 상관하지 않는다는 마음은, 일단 비움의 단계를 거치지 않으면 알지도 못하고 체감하지도 못합니다. 그렇다면 비움을 통해 다시 초월적인 물질로 돌아온 사람은 어떤 식으로 살아갈까요? 예를 들면 누가 석가모니 부처님 머리를 쳤다고 하죠. 그때 부처님은 어떤 반응을 보일지 생각해 보면 됩니다.

고이데 네.

호리사와 그야 석가모니 부처님도 살아 있는 인간이니까, 맞으면 '뭐야' 하고 생각하겠죠. 순간적으로 상대를 볼 거예요. 하지만 분노의 눈빛을 쏘아 대지는 않을 겁니다. 보통 사람이라면 그 시점에서 화를 내다가 싸움을 키우기도 하잖아요. 하지만 부처님은 "나를 왜 쳤는가?" 하고 물으며 상대를 이해하려고 할 겁니다. 상대를 깊은 눈으로 바라보겠죠. 상대의 마음을 알았다면 "그런가?" 하고 수긍하고 상대의 행동을 교정해 줄 수도 있게 됩니다. 절대묘를 살아가는 사람은 이런 부류입니다. 그리고 앞에서 가유라는 표현을 썼는데, 그건 오히려 소극적인 표현이에요. 훨씬 적극적이며 긍정적인 표현으로는 '묘유(妙有)'라고 해요. 지금 말한 절대묘 속에서 살아가는 부처나 보살 같은 존재가 묘유에 속하죠.

고이데 그렇군요.

호리사와 중요한 건 비움이란 것에 크기가 없다는 겁니다. 커다란 비움, 작은 비움이라는 게 없어요. 비움은 그냥 비움이에요. 내가 비웠다고 칩시다. 고이데 씨도 비웠어요.

고이데 네.

호리사와 내가 비웠어요. 고이데 씨도 비웠고. 그러면 나와 당신은 같은 거 아닌가요?

고이데 !!!

호리사와 그렇죠? 비움이니까 당연하죠. 하지만 사람들은 입으로는 그렇게 말해도 비움이 두 가지인 양 취급한단 말입니다. 원래 비움이란 하나, 둘로 나눌 수 없어요. 자신이 비움의 경지에 이르렀다는 건 우주와 연결되었다는 뜻이니까. 일체(Oneness)가 된 거죠.

고이데 우주와 하나로 연결되었다……. 예를 들면 비눗방울이 하늘에 무수히 떠다니고 있는데, 하나하나가 막으로 둘러싸인 공기를 자신이라 여기다가 펑 하고 터지면 공간 전체가 '그것'이 되잖아요. 그런 느낌인가요?

호리사와 그래요. 알기 쉬운 비유네요. 도겐 스님은 "내버려 두면 손에 가득 찬다"라는 명언을 남겼죠. 소유한 것을 내주는 거예요. 그러면 손에 가득 찬 느낌을 받는다는 겁니다. 활짝 편 손안에 우주가 있는 거죠. 움켜쥐고 있으면 한 주먹밖에 안 되지만, 그것을 버리고 손바닥을 밖으로 펼치면 우주가 전부 자기 손안에 놓이게 되는 겁니다.

고이데 우주가 온전히 내 것이 된다는 뜻이군요. 굉장하네요.

모든 것은
사랑의 발현일 뿐

호리사와 하나 더 말하자면요. 이건 좀 부정적인 면이 있긴 한데, 아까 얘기한 오와다 나호 씨한테 언젠가 물어본 적이 있습니다. 오와다 씨는 세상에 일어나고 있는 모든 일이 사랑이라고 말하는데요. 이 세상에는 전쟁도 일어나고 살인도 일어납니다. 그런데도 사랑이 전부인지 물었더니, 그렇다는 겁니다.

고이데   사랑이라고요?

호리사와 일원절대의 세계에서는 선악이란 게 존재하지 않기 때문입니다. 비움의 세계에는 전쟁도 없고 살인도 일어나지 않아요. 선과 악이 없죠. 모든 일이 그저 현상일 뿐입니다.

고이데   현상 자체는 틀림없이 일어나지만, 그곳에 가치 판단이 없다는 거군요. 아니, 판단의 주체가 없다는.

호리사와 그렇죠. 현상은 일어나요. 그 안에 선악이 있고 전쟁이나 살인이 있죠. 물질세계, 즉 이원상대의 세계관으로 보면 그건 큰 위험요소가 됩니다. 하지만 비움의 세계, 즉 일원절대의 세계에서 볼 때는 문젯거리가 안 되는 겁니다. 물론 사회생활을 하기 위해서 규칙은 필요합니다. 하지만 그것도 모두 물질세계에서 일어나는 일이라는 점을 근본적으로 의식한다면, 모든 것은 사랑의 발현이라는 걸 알게 됩니다. 모든 현상은 사랑의 발로로서 단지 일어나기만 할 뿐이죠.

고이데   여기에서 말하는 사랑이란 비움이나 부처와 같은 의미인가요?

호리사와 맞아요. 그러니까 사랑이란 것은 일반적인 의미가 아니에요. 괴로움도 사랑이니까요. 불행의 밑바닥도 사랑입니다.

고이데 이원상대의 가치관에서 보면, 사랑이란 마음 편함과 세트로 구성되어 있잖아요. 불리한 일에는 관심을 갖지 않고 유리한 쪽으로만 치우려고 하는데요. 그런 게 사랑이라고 생각하기 쉽지만, 그게 아니라 불리한 일도 모두 본질적으로는 사랑이라는 뜻이군요.

각자가 부처의 삶을
살아야 하는 시대

호리사와 이건 다른 얘기입니다만, 저는 불교계나 종교계가 어찌 되었든 개혁하지 않으면 안 된다고 생각합니다. 민감한 사람은 모두 알고 있을 겁니다. 이미 종교가 본질을 잃고 있다는 사실을요. 아까도 말했듯 종교인이 '나는 종교인이다'라고 생각하는 것 자체가 이미 틀입니다. 그 틀에 얽매여 있어요. 그게 문제라는 거죠. 지금 종파불교가 예전으로 돌아가고 있잖아요? 미래를 지향한다고 말할 수 없어요. 원효나 의천 등의 선승들이 절대적인 존재잖아요. 이건 불교에서 석가모니 부처님을 절대적이라고 믿는 것과 같아요. 저와 함께 책을 낸 아베 토시로 씨는 말합니다. "지금은 부처를 숭배하는 시대가 아니다. 우리가 부처의 삶을 살아야 하는 시대다"라고요. 이 얼마나 숭고한 말이에요.

고이데 정말 멋진 말씀이네요. 저도 불도란 부처의 모습을 쫓는 게 아니라 부처로서 살아가는 길이 아닌가 하고 약간 건방진 생각을 했거든요.

호리사와 그렇죠. 하지만 그런 생각을 하는 곳이 선종 정도일까나. 선종에서도 지금은 포기했을 거예요. 부처로서 살아가다니 도저히 불가능한 일이라는 거죠. 길을 찾아내려는 스님이 좀처럼 없어요. 첫째 이유로는 세습 문제가 걸립니다. 스님이 되고 싶어서 되는 게 아닌 겁니다. 물론 스님의 자녀 중에도 훌륭한 사람이 많아요. 하지만 일반적으로 그게 어렵습니다. 교육도 문제가 되고요.

고이데 구조적으로 문제가 많군요.

호리사와 갈수록 쇠퇴해 버리니 말입니다. 종파불교, 아니 종교 자체가 과거로 회귀하고 있다고 했는데요. 그러면 어떻게 될 것 같아요? 환상 뒤로 숨어 버립니다. 시간이란 일반적으로는 과거, 현재, 미래로 나뉘어 있잖아요. 그런데 원래는 현재만 존재합니다. 과거는 모두 지나간 기억의 세계, 미래는 아직 오지 않은 상상의 세계죠. 과거나 미래 어느 부분이어도 좋으니 한번 움켜쥐어 보세요. 한번 해 봐요. 못 잡겠죠?

고이데 음, 안 잡히네요(웃음).

호리사와 그래도 '지금'이라면 잡을 수 있을 거예요. 컵을 들거나 커피를 마시고 맛을 음미하죠. 바로 지금 일어나는 일이니까 가능한 일이에요. 진정한 현실은 '지금'에만 존재합니다. 과거에도 미래에도 없어요. 무엇보다 이 점을 분명히 알아야 해요. 그러지 않으면 종교나 불교는 전통이나 권위 따위의 구름 속에 숨어 버려요. 하지만 종교계, 불교계에 속한 사람들이 좀처럼 알아차리지 못하고 있습니다.

재탄생을 위한 여정
– 호리사와 스님의 출가기

호리사와 제가 불교 천태종에 속해 있으면서 그런 문제가 보인 이유

중요한 건 비움이란 것에

크기가 없다는 겁니다.

커다란 비움,

작은 비움이라는 게 없어요.

비움은 그냥 비움이에요.

가 뭔고 하니, 저는 스님의 자녀도 아니고 제 의지로 출가했기 때문입니다. 그것만은 한 가지 이유가 될 수 있을 겁니다. 그리고 구제도(메이지기부터 쇼와 전기까지의 고등교육기관. 1950년에 폐지 – 역주) 고등학교에서 배운 정신이 중요한 역할을 했다고 봅니다.

고이데 스님은 구제도의 니가타고등학교 출신이잖아요. 입학하자마자 선배한테서 '너를 다시 만들어라', '재탄생시켜라'라는 어려운 과제를 부여받았다고 하셨는데요.

호리사와 하하하! 당시 고등학교는 모든 면에서 자유로웠어요. 자유를 스스로 발견한다고 할까요. 스스로 납득하는 세계였죠. 그런 자유로운 사고방식을 3년 만에 습득했지 뭡니까.

고이데 그러셨군요. 좀 전에 말씀하셨지만, 스님은 절에서 태어나지 않았으니 대를 이을 필요도 없으셨잖아요. 외부에서 불교 세계로 들어오신 거네요. 이런 말씀 드리면 굉장한 실례인 줄 알지만, 불교는 진리를 탐구하기 위한 통로잖아요? 스님의 경우에는 스님 안에 '재탄생'이라는 과제가 있어서 그것을 해결할지도 모른다는 희망으로 불교를 선택하신 거고요. 그런 의미에서 스님은 처음부터 틀 밖에 있으면서 불교에 주체적으로 접근한 분이라고 할 수 있지 않나요? 거시적인 안목을 갖고 계셨던 거죠.

호리사와 우스운 표현을 쓰자면, 저는 결혼을 했잖아요. 12년 정신 수행이란 건 히에이잔(比叡山, 교토와 시가의 경계에 있는 산으로 천태종의 총본산인 엔랴쿠지延曆寺가 있다—역주)에서 이루어지는 수행법으로는 가장 전통적인데요. 그 수행을 마쳤고 결혼도 했어요. 이건 전통을 중시하는 세계에서는 이단아 같은 행동이었는데, 제가 첫 테이프를 끊었죠. 결혼한다고 했더니 다들 깜짝 놀라더라고요. 개중에는 신선 구메(久米)가 추락했다[06]는 표현을 쓴 사람도 있었습니다. 결혼하면 대처승(결혼해서 아내와 자식을 둔 스님—역주)이 되는 거라고 다들 생각했겠죠(웃음). 하지만 제 경우에는 결혼을 하고서도 그다지 세속적일 필요가 없었어요. 재탄생이라는 문제가 근본적으로 더 큰 숙제였으니까요. 어떻게든 내 과제를 해결하고 싶었고 그게 우선이었습니다. 수행을 끝내고 인도에 갈 때도 말들이 많았어요. 왜 가냐고요. 동료가 끈질기게 막더라고요. 12년 동안이나 수행을 했으니 완벽하지 않냐고, 이제 그만하면 되지 않았냐고요. 하지만 제게는 백 퍼센트가 아니었던 거죠.

고이데 혹독한 수행을 마친 다음에도 스님 본인의 과제는 해결하지 못했군요. 그래서 만족하지 못하셨고요.

호리사와 그렇습니다. 만족이란 단어가 떠오르지도 않았죠. 그래서 살면서 줄곧 고등학생 때의 마음에 머물러 있었습니다.

세상에서
가장 관대한 종교

호리사와 그런 의미에서 종교에도 너무 깊이 빠져들면 틀에 갇혀 버립니다. 그러니까 살짝 떠 있는 상태가 좋아요. 주저앉아 버리면 끝이죠. 강물은 흘러가니까 강이잖아요. 그걸 멈추려고 막으면 강이 아니게 되죠. 흐름이 끊기니까요. 불교도 흐름 속의 일부라고 생각해야 해요.

고이데 사이다 관점이네요.

호리사와 여러 종교 중에 불교가 가장 관용적이라고들 하잖아요.

고이데 저는 그 관대함에 불교의 가능성이 있다고 생각해요. 불교는 본질적으로 틀을 초월하는 가르침이니까요. 가령 기독교인이더라도 자신의 신앙을 그대로 유지하면서 불교를 배우는 게 충분히 가능한 일이 아닐까 싶어요.

호리사와 실제로 그런 경우가 있어요. 가마쿠라에 야마다 고운 노스님[07]이 계셨던 삼운선당(三雲禅堂)이란 곳이 있는데요. 외국 사람들이 참선하러 많이 왔습니다. 대부분 가톨릭 신부나 수녀들이었는데, 거기에서 좌선을 하고 자각 체험도 했죠. 야마다 스님에게 인가증을 받아서 각자 나라로 돌아가 선을 가르치기도 했고요.

고이데 우와, 놀라운데요.

호리사와 이번에 삼운선당 후계자로 일본인이 지명되었는데, 개신교도입니다. 대학교 교수인데 성경 원전 연구의 권위자로 줄곧 활약하던 분이죠.

고이데 불교의 가능성을 증명하는 것 같네요. 비움의 가치로 본다면 틀 따위는 어디에도 없다는.

> 처음부터 부처였는데,
> 당신은 무엇을 좇고 있나요?

호리사와 석가모니 부처님이 직접 "비우라" 하고 말을 한 건 아니지만, 부처님이 말하는 무상(無常)이나 무아(無我)를 하나의 단어로 정리한 게 '비움'이라고 할 수 있을 겁니다. 2~3세기 인도에서 용수(龍樹)라는 대성자가 출현했는데, 그 사람이 비움에 관한 이론을 체계화했습니다. 그러니까 실제로는 비움이라는 표현을 석가모니 부처님이 사용했는지는 모르죠. 하지만 지금 말한 것처럼 무상, 무아라는 표현을 쓴 건 분명합니다.

고이데　무아란 '나는 존재하지 않는다'라는 뜻이잖아요.

호리사와　여기에서 '나'는 '아트만(Åtman)'을 말합니다. 석가모니 부처님은 영구불변으로 존재하는 '나(아트만)'라는 존재를 인정하지 않았습니다. 그것이 브라만교나 힌두교와 근본적으로 다른 점입니다.

고이데　고정화된 '나'라는 개념은 어디에도 없는 거군요.

호리사와　그것을 꿰뚫어 볼 줄 알아야 해요. 물질세계에서 살아가기 때문에 차별이 일어나는 겁니다. 물질에 집착하는 마음 때문에 인간은 한없이 괴로움에 허덕입니다. 그러니 어서 비움에 일단 얼굴을 들이밀라는 거죠. 그러면 조금은 알지 않겠어요?

고이데 정말, 한 사람 한 사람이 비움을 체험하고 그 안에서 살아가면 그뿐인데 말이에요.

호리사와 비움이란 어려운 개념어이긴 하지만, 모든 것을 비운 후 아무것도 없는 상태라 생각하면 알기 쉽죠. 인간이면 누구나 진흙 속에 갇힌 부처라는 것을 마지막으로 한 번 더 말하고 싶군요.

고이데 진흙 속 부처. 정말 따뜻한 말이네요. 듣기만 해도 위로를 받는 것 같아요.

호리사와 인간의 최종적인 위안이란 부처가 되었을 때 찾아옵니다. 그런데 처음부터 부처였어요. 진흙에 시야가 가로막혀 깨닫지 못했을 뿐이죠. '그랬구나' 하고 알아차리기만 해도 감사한 일이에요. 제 지인 중에는 꽤 성실한 사람이 많은데요. 그중 한 재가자는 깨달음을 얻기 위해 이런저런 방법을 썼습니다. 그러다 결국 찾아내지 못한 채 죽었어요. 그런 사람을 여러 명 알고 있어요. 지금이라면 진흙 속 부처라는 사실을 알려 줄 수 있었을 텐데…… '당신은 처음부터 깨달음을 얻고 있는데 무엇을 좇고 있나요?' 하고요. 헛고생만 한 것 같아요. 안타깝죠.

고이데 　그 말을 들으면 그분들도 안심했을 텐데요.

호리사와 　그걸로 족하다고 생각해요. 그걸 알았다면 더 아등바등할 필요도 없고, 부처가 진흙을 뒤집어썼다고 해서 나쁜 건 아니니까요. 진흙은 옷이나 마찬가지라고 생각하면 따뜻하고 좋잖아요(웃음).

고이데 　다들 옷을 걸친 부처네요.

호리사와 　그러니 다툴 필요도 없고 비교할 필요도 없습니다. 모두 부처니까요.

　　모든 것을 내 것이라 여기면
　　여유로워진다

호리사와 　석가모니 부처님 말씀에 더욱 가깝다는 경전《숫따니빠따》에는 비교에 관해 이렇게 적혀 있습니다. "동등하다거나 뛰어나다, 혹은 열등하다고 생각하는 사람, 그 생각 때문에 다툴지니"라고요.

호리사와 소몬

고이데　동등하다는 것도 비교군요. 본래 세계에서는 비교 대상이 없으니까요.

호리사와　그렇죠. 모두 하나입니다. 다들 그걸 안다면 지구상에서 모든 분쟁이 사라질 겁니다. 살아 있는 모든 것이 평화로이 살 수 있도록 없는 것을 서로 채워주면 좋겠어요. 아프리카에 식량이 없다고 하면 남은 곳에서 나누어 주면 되는 거죠. 자기 몸의 일부나 마찬가지니까요. 다리가 아프면 저절로 문지르게 되잖아요. 배 위에 남아도는 지방 덩어리를 홀쭉한 종아리 쪽으로 옮겨 가는 거예요. 남아 있는 근육은 많으니까, 그걸 떼어 주면 되는 겁니다.

고이데　모든 게 자신이니까요. 살아 있는 모든 것이 하나의 생명체를 형성하고 있으니까요.

호리사와　자신의 것, 타인의 것이라는 구별은 필요 없어요. 모든 것을 자기 것이라고 생각하면 여유로워집니다. 돈이 없어도 세상의 은행이 다 내 것이라고 생각하면 되죠(웃음).

고이데　정말 환상적인 세계네요!

호리사와 남의 것은 내 것. 내 것은 남의 것. 그러니까 자기 것도 모두 사람들한테 나누어 주어야 해요.

고이데 그건 좀 어려울 것 같네요(웃음). 모두 자기 것이라고 생각하면 기분 좋은데, 역시 반대는…….

호리사와 남의 것만 욕심내면 안 되죠(웃음). 자기 것을 나누어 주어야죠. 앞으로 종교나 인간끼리는 그런 방향으로, 저는 '일원'이라는 표현을 쓰는데요. 논듀얼리티(Non-duality)도 같은 말이죠. 하나라는 의식을 높이 갖고 살아가자는 겁니다. 그러면 전쟁이 일어날 리도 없으니까요. 세계 여기저기에서 전쟁이 일어나잖아요. 그건 마치 오른손으로 왼손을 치는 셈입니다. 오른손이 왼손을 죽이려는 거죠.

고이데 자기 자신에게 상처를 주고 있는 거군요.

호리사와 그렇게 느낄 수 있으면 돼요. 부감(俯瞰) 혹은 조감(鳥瞰)이란 표현이 있잖아요. 위에서 내려다보면 또렷하게 알 수 있습니다. 비움의 세계에서 보면 돼요. 그러면 해결됩니다. 아니, 처음부터 해결된 문제였던 거죠.

고이데   처음부터 해결되어 있었고, 그것을 알아가는 거라고요?

호리사와 그런 겁니다. 답이 나와 있다는 걸 모르니까 물질세계에 집착하고 늘 문제가 생기는 거예요.

고이데   처음부터 그런 것. 그렇게 되어지는 것이 아니라, 이미 부처 그 자체인 거군요. 단지 그걸 알기만 하면 되는 거고요.

호리사와 그렇습니다. 이미 결과는 나와 있습니다. 모든 것이 퍼펙트. 우리 모두 부처입니다. 모두 우주 자체이고요. 아니면 태양이라 해도 좋고요.

고이데   태양······.

호리사와 그 깨달음이 역시 제일 중요하다고 봅니다.

고이데   정말 마음을 놓아도 되겠어요. 지금 몸도 마음도 포근해진 느낌이에요. 호리사와 큰스님, 오늘 함께해서 정말 영광이었습니다.

01 아베 토시로(阿部敏郎). 정신세계에 관한 블로그로 인기를 얻고 있는 저술가. 전국적으로 강연 및 명상 지도를 해 오고 있다. 마음 학교 〈지금 여기 학교〉의 교장이다.

02 잇큐(一休, 1394-1481). 일본 무로마치 시대 후기의 임제종 선승. 무애행(無碍行)을 실천하며, 차별 없는 평등의 선(禪)을 주장했다.

03 틱낫한(Thich Nhat Hanh). 베트남 출신 스님. 미국과 프랑스를 중심으로 전 세계에 불교와 마음챙김을 보급하는 데 힘쓰고 있다. 시인으로도 유명하다.

04 12년 농산행(籠山行). 외부와 접촉을 끊은 채 12년 동안 산에 칩거하며 일본 천태종 개조인 사이초(最澄) 스님 초상화 앞에 공양하는 일 외에는 좌선이나 공부, 경내 및 도장 청소를 하는 수행. 매우 엄격하기로 유명하다.

05 오와다 나호(大和田榮穗). 일본과 유럽을 중심으로 활동하는 논듀얼리티(Non-Duality) 전도사. 저서로 《이미 사랑 안에 있다(すでに愛の中にある)》 등이 있다.

06 구메라는 이름의 인간이 수행해 신선이 되어 하늘을 날다가 여인을 보고 마음이 동하는 바람에 하늘에서 떨어졌고 다시 인간이 되었다는 민화(民話)에 빗댄 표현.

07 야마다 고운(山田耕雲, 1907-1989). 하라다 소카쿠(原田祖岳), 야스타니 하쿠운(安谷白雲)과 함께 가마쿠라에 삼운선당을 설립해 많은 제자를 양성했다.

죽음이 끝이 아닌
스토리로
살아가기

샤쿠 뎃슈 釈徹宗

1961년 오사카(大阪) 출생. 류코쿠대학교(龍谷大学) 대학원 박사과정과 오사카부립대학교(大阪府立大学) 대학원 박사과정을 수료했다. 종교사상 전공. 정토진종(浄土真宗) 혼간지파(本願寺派) 소속으로 뇨라이지(如来寺) 주지를 맡고 있으며, 오사카 소아이대학교(相愛大学) 인문학부 교수로 재직 중이다. NPO 법인 〈리라이프〉 대표이며, 고령 치매 환자를 위한 그룹홈 〈화목공동체〉를 운영하고 있다. 저서로 《죽음이 끝이 아닌 스토리에 관해 쓰고자 한다(死では終わらない物語について書こうと思う)》, 《현대인의 기도 : 저주와 축복(現代人の祈り叩芦、と祝い)》, 《70세! 인간과 사회의 늙어감에 관하여(70歳! 人と社会の老いの作法)》 등 다수가 있다.

나도, 사랑도, 종교도
모두 스토리다

고이데 작년(2015) 가을에 스님이 낸《죽음이 끝이 아닌 스토리에 관해 쓰고자 한다(死では終わらない物語について書こうと思う)》라는 책 감명 깊게 읽었습니다. 몇 번이나 읽었어요. 본문 중에 이런 말씀을 하셨잖아요. "우리는 스토리 속에서 살고 있다. 나라는 존재도, 이 세상도, 저 세상도, 사랑과 종교, 모두 스토리이며 허구이며 공동환상이다. 적어도 불교에서는 나와 세계를 그렇게 인식한다." 이 부분을 읽고 큰 충격을 받았어요. 전 줄곧 종교, 적어도 불교는 절대적인 진리를 보여 주어야 한다고 믿었거든요. 여기에서 말하는 진리란 '나라는 스토리 이전에 머무는 것'이란 뜻인데요. 다시 말해 종교란 스토리를 해체하는 기능을 가져야 한다고 생각했어요. 이 세상에 넘쳐나는 '나에 관한 스토리'에서 유일하게 자유로운 게 종교 영역이 아닌가 했죠. 그런데 스님께서는 종교조차 스토리라고 말씀하시거든요. 이 말이 굉장히 혼란스러웠어요. 종교를 바라보는 인식에 커다란 돌을 맞은 느낌이었죠.

샤쿠 그랬나요?

고이데 네. 예를 들면 이번에 〈열려라! 깨달음이여!〉라는 주제로 스님과 마주하게 되었는데요. 깨달음이라는 단어로 일컬어지는 영역조차 설명이 들어간 순간 어느 틈에 스토리가 되어 버린다는 생각이 들었어요. 아무리 종교적인 용어를 사용한다고 해도 절대적 진리는 절대로 설명으로 들을 수 없겠구나…… 결국 우리는 인간인 이상 스토리 속에서 살아가지 않으면 안 되는구나 하고요.

샤쿠 분명히 우리는 의미에서 벗어날 수 없습니다. 이 경우에 스토리는 의미 체계를 가리킵니다. 우리 인생도 스토리이고 신이나 내세, 행복이란 무엇인가, 무엇이 옳고 그른가, 무엇을 위해 살아가는가, 이런 인간으로서 본질적인 문제도 일종의 스토리입니다. 불교는 모든 의미를 해체해 가는 끔찍한 체계이기는 하지만, 그것도 역시 하나의 줄거리를 가진 스토리라고 할 수 있어요. 개인적으로는 정보와 구별을 두고 싶어서 전략적으로 스토리라는 표현을 쓰고 있습니다. 그런 식으로 표현하면 현대인의 마음을 두드릴 수 있지 않을까 싶었거든요.

고이데 정보와 스토리를 구별한다는 말씀이시군요. 자세하게 설명해 주시겠어요?

샤쿠　정보란 기본적으로 쓰고 버리잖아요. 새로운 내용이 들어오면 이전의 내용은 불필요해지죠. 소비되는 겁니다. 스토리는 이것과는 다른 성격을 갖고 있어요. 간단히 말해 한번 만나 버리면 만나기 이전의 자신으로 돌아가지 못해요. 지금 자신의 가치가 시험대에 오르죠. 그런 힘을 가진 게 스토리이며, 그것을 스토리라고 하자는 겁니다. 물론 실제로는 이렇게 깔끔하게 나누지는 못합니다. 하지만 한번 이런 식으로 구별하다 보면 무언가 보이지 않을까 하는 겁니다.

고이데　그렇군요. 그러면 종교 영역에 속하는 것은 절대로 쓰고 버리는 정보가 아니라 강력한 힘을 가진 스토리가 되겠군요. 종교에서 말하는 힘으로 인생이 완전히 바뀐 예는 옛날부터 많았으니까요.

샤쿠　그렇습니다. 현대인의 고뇌에 관해 생각하다 보니 이런 표현을 하게 된 겁니다.

> 삶과 죽음의 스토리 끝에
> 종교가 있다

샤쿠   이를테면 전쟁 후 몇 번인가 '죽음 붐'이 왔다는 말들을 하잖아요. 1970년대 후반부터 1980년대 전반까지 일어난 임사 체험 붐도 있었고요. 지금이 두 번째인가 세 번째입니다. 세계 제일의 장수 사회가 되었고, 소산다사(小産多死)로 이행하면서 늙고 병들어 죽는 문제가 새롭게 대두되고 있어요. 특히 종말 의료나 연명 장치에 관해 스스로 의사 표현을 해야 하는 문제가 크죠. 또 우리는 매달 지불하는 대출, 부동산 등 여러 계약에 묶여 살아가고 있어요. 죽기 전에 여러 가지를 정리하지 않으면 안 돼요. 그런 가운데 2012년에 '종활(終活, 종말활동의 줄임말로 죽음을 스스로 준비하는 능동적 활동을 말함-역주)'이라는 단어가 유행어 대상 상위권에 포함되었어요. 자신의 마지막 순간을 스스로 대비해야 하는 시대가 된 겁니다. 하지만 일반적으로 말하는 종활이란 어디까지나 정보라는 인상을 줍니다. 죽음에 대비해 자신의 희망을 적어 두는 엔딩 노트 등을 보면 죽음에 관한 자신의 계획과 죽음 이후에 가족들에게 지시하는 내용이 대부분이거든요. 그러니까 어차피 맞이할 죽음이라면, 눈앞으로 끌어당겨 직시함으로써 지금 자신의 삶이 과연 제대로 흘러가고 있는지 검토할 수 있으면 좋을 것 같아요.

고이데   죽음을 눈앞으로 끌어당긴다……. 내가 죽는다는 사실을 진지하게 생각한다는 뜻인가요?

샤쿠　　그렇습니다. 만약에 오늘 밤 숨을 거둔다면 남은 시간에 무엇을 해야 할까? 이런 식으로 사실적으로 생각해 보면 일상적인 틀이 흔들릴 것 아니겠어요? 상상도 못 한 일들이 머릿속에 떠오를지도 모르고, 평소에 아주 소중히 여기고 있던 것이 별 것 아닌 것처럼 보일지도 모르죠. 그러면 좀 더 일상이 정리되고 자신이 무엇을 중요하게 여기며 살고 있는지 알지도 모릅니다. 옛날부터 인간은 그런 종활을 실천해 왔습니다.

고이데　　그야말로 진정한 종활인 것 같네요. 아까 이야기로 돌아가면, 종교라는 스토리를 만나는 일은 최대의 종활이 되겠네요?

샤쿠　　종교란 생과 사에 관한 최종적인 의미를 부여하는 체계이기도 합니다. 그리고 죽음까지 초월해 스토리를 이어 주기 때문에 종교만이 지니고 있는 특수성이 있어요. 종활을 파헤치다 보면 종교적인 스토리라는 문제가 나오겠죠. 저는 내세를 설명할 수 있어야 종교라고 생각합니다. 내세는 속세의 구조를 초월하는 영역이잖아요. 사회는 내세를 다루지 못하고요. 그런 사회 범주에 들지 못하는 구조, 초월한 영역을 풀 수 있어야 종교입니다. 거꾸로 말하면 세속의 구조 범위 안에서만 얘기할 수 있다면 종교의 존재 의미가 거의 사라져 버리지 않을까요.

고이데 사회 구조를 초월한 곳에 있는 스토리를 만남으로써 지금 내 인생이 상대화된다는 것. 그것이야말로 종교의 역할이라는 뜻인가요?

샤쿠 네. 그래야 종교적으로만 해결할 수 있는 구원이라는 역할이 의미가 있겠죠. 세속 사회를 초월하는 영역으로 향하는 문이 열려야 비로소 이 지난한 인생을 살 수 있는 겁니다. 그리고 중요한 점은 세속을 넘어서는 스토리를 발견하면서도 세속에서 발을 떼지는 않는다는 점입니다.

고이데 정말 종교적인 삶이네요.

샤쿠 저는 그런 구도를 이상적이라 생각합니다.

고이데 문은 열려 있으나 그곳으로 가지 않는다니 재미있네요. 어디까지나 지금 이곳을 살아가야 한다는 게요.

불교는
분명하게 알려 주지 않는다

214

고이데   지금 '그곳으로 가지 않는다'라는 말씀과 관련된다고 보는데요. 일본의 불교, 특히 정토불교. 정확하게 말하면 정토진종으로 해석되는 아미타 부처님이나 정토의 스토리란 게 납득할 수 없는 부분이 있지 않나 싶어요. 저도 책을 여러 권 읽고 이야기를 듣기도 했지만, 잘 모르겠어요. 간단히 말해서 완벽한 설이 되지 못한다고 할까요. 닫힐 듯하면서도 닫히지 않는, 좀 더 알 것 같은데 앞으로 한 걸음만 더 가면 될 것 같은 지점에서 뒤로 물러나 버리는…….

샤쿠   닫히지 않았다는 말은 스토리가 살아 있다는 증거입니다. 종교의 스토리 중에 이미 수명을 다한 것도 있습니다. 그에 반해 스토리에 의지하고 그 줄거리대로 걷지 않으면 보이지 않는 광경도 있죠. 살아 있는 스토리는 '여기까지 걸으면 이런 광경이 보일 것이다'처럼 정적인 게 아니라 훨씬 동적입니다.

고이데   정토불교의 스토리는 움직이고 있다는 말씀이군요. 움직이고 있으니 제대로 착지하지 못하는 것이고요. 스님도 여러 곳에서 말씀하셨는데, 그야말로 공중에 매달린 것 같은 감각이 이어지는 것 같아요.

샤쿠　정토불교뿐 아니라 불교 전체가 그런 구조입니다.

고이데　불교 전체가요?

샤쿠　불교에서는 끊임없이 탈구축(Deconstruction, 개념이나 구조적인 해체, 재구축)을 시도해 왔습니다. 가령 출가 불교가 확립하자 대승 불교가 발흥했지요. 비움의 이념이 발달하자 실천적인 의식이 나왔습니다. 혹은 밀교가 나오기도 했죠. 늘 뒤엎는 과정이 반복되었어요. 그러니까 불교는 좀처럼 완벽하게 답을 알려 주지 않습니다. 다른 종교라면 좀 더 이해하기 쉽도록 맞춤 서비스를 하겠지만, 불교는 착지할 만하면 역방향으로 끌어당깁니다. 이해하는 순간에 귓가에서 다르다고 말하는 것 같습니다. 그래서 저는 불교를 탈구축 장치 내장 종교라고 표현하기도 합니다(웃음). 그 장치를 내장하도록 한 장본인이 석가모니 부처님입니다.

연기론이 사실이건 아니건,
뭣이 중한가?

고이데　석가모니 부처님은 왜 그런 식의 구조를 만드셨을까요?

216

샤쿠   집착이나 편협함이 고뇌를 만들어 내니까요. 무엇에도 휘둘리지 않음으로써 고난의 인생을 훌륭하게 살아 내서 죽음까지 도달할 수 있는 길을 불교에서는 제시했습니다.

고이데   그렇군요. 어쭙잖게 종교의 스토리에 착지해서 그곳에 숨어 버리면, 지금 이곳을 살아가는 원동력이 되지 못하겠네요.

샤쿠   불교가 연기법(緣起法)의 입장을 취하는 것도 같은 이유라고 생각합니다. 우리 몸과 마음을 포함해 모든 존재나 현상은 어디까지나 일시적인 집합체이며 시시각각 변화하는 실체가 없는 것이라고 설명하잖아요. 이건 집착에서 벗어나기 위한 과정이에요. 고뇌의 근원이 집착에 있기에 벗어나려는 겁니다. 극단적으로 말하면, 연기에 관한 이론이 객관적이고 과학적인 사실인지 아닌지는 아무래도 상관없는 거죠.

고이데   네?

샤쿠   보세요. 흔히 불교의 가르침이 최신 물리학과 같다고들 하잖아요. 그런 말을 들어도 '그런가'라는 생각밖에 안 들거든요(웃음). 불교는 과학적 해명을 추구하는 게 아니잖아요. 과학의 입장과 일치하건 아니건 어느 쪽이건 상관없는 거예요. 왜 연기법의 입장에 서는가. 그것은 집착에서 벗어나 이 인생 역정을 살아 내기 위해서입니다.

고이데 좀 놀라운 말씀인데요. 연기라는 단어로 설명되는 내용이 정말인지 아닌지에 집착하기보다 우선 이 삶을 완벽하게 살아 내자는 말씀이신 거죠.

샤쿠 물론 단순히 인생을 살아 내기 위한 가르침만은 아닙니다. 깨달음을 열어서 부처가 되는 길이죠. 이 대화는 그게 주제잖아요 (웃음).

고이데 맞습니다(웃음).

샤쿠 하지만 질문의 요지에서 조금만 벗어나도 좀처럼 본래의 주제에 접근하지 못해요. 이 부분은 지금까지 등장한 스님들 말과 똑같아요. 한마디로 깨달음이라 해도 꽤 다양한 스토리가 존재합니다. 그러니 길을 걷기 전에 깨달음을 파악하려 해도 제대로 안 될 거예요. 또 앞에서 내세를 설명할 수 있어야 종교라고 했잖아요. 하지만 내세란 것도 알고 보면 있으나 마나 상관없어요. 연기를 과학적으로 증명해 보았자 달라지는 게 없듯이, 내세가 존재하느냐 마느냐에 집중한다 해도 어쩌겠어요? 그것도 요지에서 벗어난 질문이 되는 거죠. 중요한 것은 스토리에 자신을 맡길 수 있느냐입니다. 정말로 그곳에 몸과 마음을 내놓을 수 있다면 그 사람은 구원받은 거예요.

고이데 음, 놀라운 말씀입니다. 뒤통수를 얻어맞는 느낌인데요.

> 자기만의 스토리를 만나는 순간
> 구원받는다

고이데 스토리에 자신을 온전히 맡겨 버리면 어떤 일이 벌어질까요?

샤쿠 '이 가르침은 나를 위해서였구나!' 하고 세계가 열리겠죠. 《탄이초(歎異抄)》[01]에는 "아미타 부처님이 오랜 시간 고민해 세운 서원은 알고 보니 신란 한 사람을 돕기 위해서였다"라고 적혀 있습니다. 이것은 신란이라는 성인이 평소에 한 말이라고 합니다. 무엇을 위해 아미타 부처님의 구원 스토리가 존재하는가. 그것은 자기 한 사람을 위해서, 이 한 몸을 구원하기 위해서라는 겁니다.

신란은 아미타 부처님의 구원이 없으면 절대로 구원받지 못한다고 철저하게 자각한 것이죠. 다른 구제 스토리로는 안 되는 겁니다. 아미타 부처님의 스토리가 수천 년에 걸쳐서 이어져 내려온 것은 자기를 위해서라고 말합니다. 이는 신란의 깊은 종교 체험에서 비롯한 것이겠죠. 나를 위한 스토리를 만나면 다른 스토리로 대체하지 못합니다. 그때 사람은 분명히 구원받습니다. 스토리는 내게 있어 진리가 된다고도 할 수 있겠죠.

고이데　자기만의 스토리를 만나면 인간은 그 순간 구원받나요?

샤쿠　자기만을 위해서라기보다 자기에게 최적화된 스토리겠죠. 구원받습니다. 다른 스토리는 필요 없으니까요. 그렇다고 모든 고난이 사라진다는 뜻은 아닙니다. 변함없이 일상의 고뇌와 마주하고, 그것을 끌어안은 채 살아가야 합니다. 다행히 그 스토리에 몸과 마음을 의지하고 있으니 나아가야 할 길이 분명히 보이는 거죠. 신란의 《우독초(愚禿鈔)》[02]에는 "전념 명종 후념즉생(前念 命終 後念即生)"이라고 적혀 있습니다. 지금까지의 자신은 죽고 새로운 자신으로 태어난다는 뜻이죠.

고이데　신심을 얻는다는 말이군요.

샤쿠   그렇습니다. 신심을 얻은 후에도 마음은 흔들리지만 만나기 전 상태로는 돌아가지 못하죠. 이건 앞에서 말한 스토리의 본질과 같습니다. 신란은 자연법이(自然法爾)라는 말로, 흔들리면서도 틀림없이 길이 열릴 것이라는 믿음을 표현했습니다.

고이데   흔들리면서도 틀림없이 길이 열린다라······.

신심(信心)이
곧 불성이요, 부처다

고이데   그 흔들림이란 구체적으로 어떤 상태인가요?

샤쿠   어디까지나 자신이라는 존재에 의지한다고 할까요. 신란은 "인간은 최후의 숨을 끊는 순간까지 자신에게 기댄다"라고 했습니다.

고이데   개인으로서의 자아에 집착한다는 뜻이군요. 저도 그런 적이 있어요. 그곳에 고통의 뿌리가 있는 줄 알고는 있지만 결국 집착하게 되더라고요.

샤쿠　안다고 해서 해결되는 건 아닙니다. 인간의 본성에 관한 문제니까요. 진종오타니파(真宗大谷派)의 우에키 테쓰조[03] 스님은 가수인 아들의 노래 중에 '알고는 있지만 멈출 수 없는'이라는 가사가 신란 성인의 가르침이라 말했다고 하죠(웃음). 현대는 개인을 강하게 어필하는 사회입니다. 여기에 현대인의 고충이 있어요. 개인으로서 확고한 신념이 없으면 낙오된다는 생각이 강해질수록 괴롭습니다. 그런데 아시다시피 정토진종에서는 '깨달음을 연다'라는 부분을 그다지 강조하지 않습니다. 대신 신심(信心)을 얻는 쪽에 중점을 두고 있죠. 신란은 이 신심을 "부처에게 물려받았다"라고 표현했습니다. 또 '신심을 기뻐하는 사람은 부처와 같다. 대신심은 불성이요, 불성은 곧 부처다'라는 와산(和讚, 일본 불교 찬송가의 한 유형)도 있고요. 말하자면 부처에게서 물려받은 신심을 얻는 것이 곧 깨달음을 얻는 것과 같습니다. 도겐 선사의 깨달음에 관한 언설을 읽다 보면, 신란과 같은 내용을 말하고 있음을 알 수 있습니다. 제게 불교와 정토진종을 가르쳐 준 시가라키 타카마로[04] 스님은 "신심은 자각 체험이다", "신심은 지혜이며 찟따-쁘라사다(Citta-Prasāda, 마음의 정화)다"라고 말씀하셨어요. 이단자 취급을 당하긴 했지만, 불교로서의 정토진종을 제대로 풀었던 분입니다. 저도 같은 입장이고요.

고이데 그렇군요.

샤쿠 한편으로 신란이 90년 동안 살면서 한번도 깨달았다는 표현을 쓰지 않았다는 점에도 주목해야 합니다. 이점은 시가라키 스님도 주목하고 있었습니다. 몸이 움직이는 한 자기한테 기댈 수밖에 없는 현실을 직시했기 때문입니다. 그것이 인간 본성의 단면이기는 합니다. 이렇듯 빛과 어둠의 양면을 품은 채 살아가는 방식이 신란 사상의 특징이라고 생각합니다.

고이데 깨달음이라 표현해도 좋은 부분과 그렇게 말해도 결국 자신에 기댄다는 부분이 있군요. 후자를 억지로 걷어 내려고 하지 않고, 말하자면 보고도 못 본 척하고 양면을 동시에 품는다는 거군요.

샤쿠 그렇습니다. 신란은 그 점을 감추지 않았어요. 깨달음과 방황, 구원과 죄악의 문제에 평생을 바쳤습니다. 그렇기에 아미타 부처님의 구원 스토리 외에 길이 없었던 인물이죠.

빛과 그림자의 긴장 상태가 줄곧 이어지는 길

나와 타인의 경계가

무너지면 고뇌 역시

사라질 것이고, 그게 바로

깨달음이며 구원일 겁니다.

샤쿠   불교에서는 '자타일여(自他一如)'라고 풀이합니다. 나와 타인의 경계가 무너지면 고뇌 역시 사라질 것이고, 그게 바로 깨달음이며 구원일 겁니다.

고이데   자타일여, 자타미분(自他未分)이라는 말은 자신이라는 존재의 틀이 무너져 집착의 뿌리가 뽑혔다는 뜻이겠군요.

샤쿠   맞아요. 하지만 자아라는 틀은 사라진 다음 순간 또 새로운 틀이 생성되는 성질을 띠고 있습니다.

고이데   알 것 같기도 해요. '나는 어디에도 존재하지 않았다!'라고 말하는 '나'는 그 순간 더 이상 그때 '나'가 아니라는(웃음). 줄곧 반복되는 거겠죠? 어디까지나 자신에게서 완전히 벗어날 수는 없으니까요.

샤쿠   그렇습니다. 쿨렁쿨렁 솟아오르는 자신의 상황. 그것이 신란 사상의 커다란 논점입니다. 뭐랄까요. 빛과 그림자의 긴장 상태가 줄곧 이어지는 길을 걸은 거죠.

고이데   꽤 험난해 보이는 길인데요.

샤쿠　물론 험난하겠죠. 하지만 속세의 한가운데를 걷는 불교란 그런 겁니다. 석가모니 부처님처럼 종교적으로 뛰어난 분이라면 자신의 상황을 타파해 버릴 수 있겠지만요.《유마경》에 나오는 유마거사 같은 사람이라면 어떤 집착도 갖지 않고 세속을 살아갈 수 있고요. 우리 같은 어리석은 인간은 여기저기에서 나타나는 자기 상황을 주시하면서 끌어안은 채 부처에게 맡기는 수밖에 없죠.

고이데　그게 염불의 길이군요. 그곳에는 특별한 수행이나 계율이 필요 없다고 하던데요.

샤쿠　네. 다른 존재의 힘을 빌려 쓰는 불도(佛道), 재가자의 불도니까요.

진정한 염불자와의 만남
– 샤쿠 스님의 원풍경

샤쿠　뭔가 굉장히 변칙적인 불교 같지만, 제게는 이 길을 따라 진지하게 나아가면 반드시 불교가 추구하는 곳에 도달할 수 있다는 확신이 있습니다. 아까 말한 '스토리와 만나기 전으로 돌아가지 못한다'라는 내용과도 이어지기 때문에 조금 길게 말씀드릴게요. 제가 대학원 논문에서 어떤 할머니에 관해 적었거든요. 사례 연구라는 형식으로 말입니다. 그 할머니는 제가 태어난 절 바로 옆에 사는 신도였는데, 진정한 염불자였어요.

고이데   진정한 염불자요?

샤쿠   네. 기쁠 때나 슬플 때나 늘 염불하면서 사신 분이에요. 더 없이 선하고 진정한 신앙인이었죠. 제가 어릴 때 절 부엌의 2층에 방이 있었는데요. 아침에 일어나서 창문을 열면 바로 정면에 본당 향배(본당 정면에 지붕이 튀어나온 부분)가 보였습니다. 그 할머니는 거기에 아침마다 합장하고 염불하고 계셨어요. 초등학교 저학년이 었을까요. 아침에 2층 창문에서 보고 있는데, 할머니 몸에서 빛이 퍼져 나오더라고요.

고이데   빛이요?

샤쿠   네. 빛이 비치는 걸 보았어요. '저기에 부처가 계시다!'라는 생각이 들었죠.

고이데   말 그대로 부처와 한 몸이 되었네요.

샤
쿠
텟
슈

샤쿠 그랬어요. 제가 태어난 곳은 신앙으로 똘똘 뭉친 곳이었기 때문에 그 할머니 외에도 훌륭한 염불자가 많았어요. 그 덕에 제가 가야 할 길이 가짜가 아니라는 걸 피부로 느낄 수 있었죠. 동시에 '나는 절대로 저렇게 못 되겠구나' 하는 것도 직감했어요. 그래서 뇨라이지의 주지로 책임을 다할 수 있을지 자신이 없었죠. 그러던 어느 날, 저분들처럼 되지는 못하겠지만 하다못해 그 사람들이 모이는 곳에서 보탬이 될 수 있으면 좋겠다는 생각을 하고부터 제가 선 위치에 만족했습니다.

고이데 정말 기억에 오래 남을 장면이었겠어요.

샤쿠 제 종교의 원풍경이죠.

생과 사의 완결판
– 할머니의 유언장

샤쿠 대학원 논문에 그 할머니에 관해서 썼을 때는 할머니가 이미 돌아가신 뒤였어요. 하지만 며느리와 손자가 이야기를 해 주더군요. 이 사람들도 정말 굉장한 염불자들입니다. 할머니 영향을 받았나 봐요. 취재하면서 여러 가지 흥미로운 에피소드를 들었어요. 할머니가 젊은 시절에 고생을 많이 하셨나 보더라고요. 너무 힘이 드니까 '절에서 부처의 말씀을 들으면 편해지지 않을까'라는 기대로 열심히 다니기 시작했다더군요. 어린 시절부터 염불은 익히고 있었나 본데, 새로 구원을 얻으려고 진지하게 불법에 귀를 기울였다고 해요. 그런데 들을수록 도리어 괴로워지더라는 겁니다. 옛날부터 '불법이 방해가 될 때까지 들어라'라는 잠언이 있습니다. 진심으로 불법을 들으면 늘 자신의 가치를 시험하게 된다는 얘긴데요. '이럴 바에는 듣기 전이 훨씬 편하겠다'라는 마음이 생길 때, 그때까지 들으라는 겁니다. 불법이란 약이 되지도 독이 되지도 않는 거죠. 그 할머니도 계속 듣다가 도저히 못 견뎌서 절에 다니기를 그만두기로 했답니다. 몇 해에 걸쳐서 듣던 불법을 그만 듣겠다면서 집에 모신 불단 문을 못으로 박아 버리고, 새끼줄을 칭칭 동여매기까지 했답니다.

고이데   아이고…….

샤쿠   그런 거친 면도 있는 분이었지만, 그만큼 열성적으로 들었다는 뜻이기도 합니다. 어쨌거나 두 번 다시는 염불을 외지 않겠다고 결심했다고 합니다. 그런데 어린 시절부터 염불을 외다 보니까 저절로 습관처럼 외고 있더라는 거죠. 자기 입에서 나온 염불이 증오스러워서 입에서 염불이 나올 때마다 손으로 잡아서 버렸다나요(웃음).

고이데 꽤 터프하셨네요(웃음).

샤쿠 염불을 만나기 전으로는 돌아가지 못하고, 늘 자신이 시험대에 오르는 거죠. 그런 상황을 이해하기 쉬운 사례였습니다. 그리고 할머니가 숨을 거둔 날, 책상 서랍에서 유서가 발견되었어요. 가족은 몰랐는데 아주 오래전에 손자에게 써 달라고 했다는군요. 어린 시절부터 가난에 허덕여서 학교를 제대로 다니지 못해서 글자를 몰랐대요. 그래서 손자한테 대필을 부탁한 모양입니다. 그 유서가 여기 있는데, 읽어 보시겠어요?

고이데 네. 보고 싶어요.

샤쿠 이왕이면 손자의 필력도 감상하면서 읽어 보세요. 유언 내용 외에는 손자가 쓴 글입니다.

"이 종이에 할미가 말한 대로 써야 해" 하고 연필과 편지지를 건네받아 들은 대로 받아적는데, 할머니는 "만일 내가 죽으면……"이라는 말로 운을 떼기 시작했습니다. '헛' 하고 내 손이 멈추었지만, 할머니가 빙그레 미소 지으시며 말씀을 이어 가셨기에 그대로 적었습니다. 그 유언장을 작성한 지 여러 해가 지났고 나는 그 일을 까맣게 잊고 있었지만, 할머니가 돌아가시니 그 유언이……. "이건 네가 쓴 거니?" 하고 어머니가 물으셔서 '앗!' 하고 기억이 되살아났습니다. '아, 그날 할머니가 하신 말씀이구나' 하고 그날의 장면과 생전의 할머니가 눈에 아른거려 눈물이 하염없이 흘러내렸습니다. 할머니는 집안 사정으로 학교에 가지 못했고 글자를 쓸 줄 몰랐습니다. 한자는 아예 읽을 줄도 몰랐죠. 그래서 손자인 내게 써 달라고 부탁한 것입니다. 다른 손자들도 있었는데 굳이 내게 손을 내민 건, 어쩌다 놀러 온 내가 순수하게 응했기 때문이었을까요? 할머니는 그 후로도 오래 사셨고, 나 역시 그 일을 까맣게 잊고 지냈습니다. 취직해서 집을 떠나고 얼마 지나지 않은 해였습니다. 입원한 할머니가 돌아가셨다는 부고를 접하고 택시를 타고 서둘러 할머니 집으로 향했습니다. 울면서 집 안으로 들어가 할머니 몸 앞에서 목 놓아 울었습니다. 그때 넋이 나간 내게 엄마가 "유언을 남기셨더라" 하고 보여 준 것입니다.

　　──유언

　　모두, 오랜 시간 돌봐 주어 고마웠습니다.

이 수의를 입혀 주실 때는 염불을 함께 외워 주길 부탁합니다.

언젠가 우연히라도 내가 떠오른다면,

부탁입니다. 염불을 외워 주세요.

나무아미타불, 나무아미타불, 나무아미타불……

여러분이 찾아 줄 날을 기꺼이 기다리고 있겠습니다.

안녕히.

나무아미타불, 나무아미타불.

내가 받은 신앙심은 할머니의 영향이 컸습니다. 절에는 어머니와 가기도 했지만 늘 할머니가 먼저 권해 주셨거든요. 많은 손자들 중에서 나를 선택하셨다는 큰 연으로 내 신앙심이 싹텄고, 그 후 보다 깊고 온전해진 것 같습니다. 할머니, 정말 감사해요.

나무아미타불, 나무아미타불, 나무아미타불.

고이데 …….

샤쿠 말이 안 나오죠? 생과 사의 완결판이라니까요.

고이데 정말…… 어떡해, 눈물이 나네요.

232

샤쿠   진지하게 받아들이시니 저도 감동입니다. 이렇게 한낱 이름도 없는 사람이, 글도 쓰지 못하는 촌사람이, 혹독한 수행을 거친 것도 아니고 불교학을 배운 것도 아닌데 생사의 문제를 초월한 겁니다. 여기에 일본 불교의 진정한 가치가 있다고 봐요.

고이데   이 할머니는 마지막 순간에 구원받지 않았을까요? 어느 지점에서 결정적인 전기를 맞으셨던 걸까요.

샤쿠   글쎄요. 전기가 될 만한 에피소드가 몇 개 더 있습니다. 다만 본인이 남긴 문장이 있는 것도 아니고 언행록이 있는 것도 아니라서 분명한 것은 알지 못합니다. 소위 회심(回心, Conversion, 거듭남)이라는 종교적 체험도 하셨겠지만, 한편으로 유년기부터 축적해 온 게 컸을 것이라고 짐작만 하는 거죠. 미국 철학자이자 심리학자인 윌리엄 제임스[05]에 따르면, 종교적 성숙에는 '두 번 태어나는 유형'과 '한 번 태어나는 유형'이 있다고 합니다. 두 번 태어나는 사람은 지금까지의 자신이 죽고 새로운 자신이 태어난다는 큰 전기를 경험하는 사람입니다. 그에 반해 한 번 태어나는 사람은 오랜 시간에 걸쳐 얇은 종이 한 장 한 장을 거듭 쌓아 올리듯 성숙해 가는 사람입니다. 어느 날 문득 뒤를 돌아보니 '그랬구나. 내게는 이 길밖에 없었구나' 하고 깨닫는 것과 같죠. 이 할머니는 아마

두 번 태어나는 유형에 속했던 것 같지만 동시에 한 번 태어나는 면도 들어 있었던 것 같습니다.

고이데 그렇군요. 스님은 어떤 유형이세요?

샤쿠 한 번 태어나는 타입입니다. 오랜 세월을 거쳐 이제야 염불을 욀 수 있게 된 타입이죠. 물론 염불은 어린 시절부터 외고 다녔지만, 원래 신심이 얕은 인간인지라. 아마도 절에서 태어나지 않았다면 종교를 비판하거나 신앙을 우습게 보았을 겁니다. 어쨌거나 근본은 악한 놈입니다, 제가.

고이데 무슨, 그런 말도 안 되는 말씀을(웃음).

샤쿠 그래도 쉰 살을 넘기고부터는 가끔, 뭐랄까요. 무의식의 뚜껑이 열리는 느낌을 받아서 무언가 내가 안고 있던 절대로 떠올리기 싫은 경험이나 감정이 분출되기도 하더라고요. 그럴 때면 여지없이 염불을 외는 겁니다. 그런 모습에 스스로 놀라기도 하고요. 그랬던 내가 염불까지 외게 되리라고는……. 이건 부처가 하신 일이라고 받아들이고 있어요.

고이데　과거에는 어떠셨는데요?

샤쿠　똑똑한 척하며 머리로 종교를 파악하던 타입이었죠(웃음).

도망치는 사람을
붙잡는 부처

샤쿠　신란은 "얼음이 많은 곳에 물이 많고, 괴로움이 많은 곳에 깨달음이 있다"라고 말했습니다. 이것도 신란의 직접 체험에서 나온 말이겠죠. '정토에 태어날 수 있었다 해도 기쁘지 아니하다', '나는 부처의 구원에서 도망치기만 하는 인간이다' 하고 고백하는 사람이었으니까요. 하지만 '도망치는 이를 따라가서 뒤에서 붙잡는 게 부처의 구원이다'라고도 했습니다.

고이데　뒤에서 붙잡는다고요?

샤쿠　원래 불교라는 종교는 내가 깨달음을 열어야 부처가 되는 〈나→부처〉라는 방향입니다. 이게 주요 스토리죠. 하지만 호넨 스님은[06] 부처가 나를 구원한다는 〈부처→나〉로 방향을 바꾸어 버립니다. 불교의 탈구축이죠.

고이데   부처가 나를 구원한다는 방향성의 불교는 그전에는 없었다는 뜻인가요?

사쿠   없지는 않았어요. 초기부터 존재했습니다. 다만 사이드 스토리였죠. 옆길, 샛길입니다. 그러나 법연은 주연과 조연의 위치를 바꾸었어요. '누구나 걸을 수 있는 길이니까' 하는 게 이유입니다. 법연의 제자 신란에 이르면 불교의 구원에서 도망치는 나, 〈부처→나→〉가 문제가 됩니다. 부처에게서 갈수록 멀어지는 거죠. 하지만 부처는 그렇게 도망치는 나를 뒤에서 붙잡는다고 말합니다.

고이데   그렇게 신란 스님도 부처한테 붙잡혀 버렸다는 건가요?

사쿠   그렇게 된 겁니다(웃음). 전에 이스라엘에 가서 팔레스티나 난민캠프를 돌았는데요. 이스라엘에서는 유대교를 믿고 팔레스티나에서는 이슬람 색이 뚜렷했어요. 왠지 가시방석에 앉은 기분이었고 얼이 빠져 있었죠. 그만큼 강한 신앙이나 생활 양식을 몸소 체험했다는 겁니다. 동행한 정토종 스님과 "역시 대단한 곳이네요"라는 말을 주고받다가 갑자기 그 자리에서 염불을 외기로 한 겁니다. 함께 염불을 했더니 나무아미타불이 입에서 나온 순간

생생한 신체 체험이란 게 돌아오는 것 같더군요. 염불이 있으면 세계 어디에서든 살아갈 수 있을지도 모르겠다는 자신감이 생겼죠. 염불이 이렇게까지 나를 지켜 주고 있을 줄은 생각도 못 했기에 놀랐습니다.

고이데 신앙의 위대한 힘이 느껴지는 얘기네요.

신앙심이
삶의 방향을 바꾼다

고이데 스님은 물론이고 앞에서 유서를 남긴 할머니도 역시, 자신을 위해 존재하는 스토리를 만난 사람에게는 무언가 특유의 강인함이 잠재하는 것 같아요. 그러면 삶의 방향도 바뀌지 않나요?

샤쿠 물론 바뀝니다. 정토진종에서는 모든 것이 아미타 부처님이 이룬 업적이므로 인간은 아무것도 바뀌지 않는다고 말합니다. 그건 법의적 해석 방식에 따른 표현인데, 실제로는 삶의 방향이 바뀌죠. 그렇지 않으면 불교가 아니에요. 정토진종에서는 신앙심을 얻은 사람이 숨을 거둔 후에 정토에서 태어난다고 설명합니다. 말하자면 숨을 거두면 정토에서 되살아날 수 있도록 현실 세계에

샤쿠
텟슈

서 힘쓰는 셈인데요. 생사관이나 생명관에 관해서 이것이 정답이 며 이것이 틀렸다 할 수 있는 가치 판단은 내릴 수 없지만, 적어도 사후에는 살아 있을 때의 삶과 정토에서 새로 태어난 삶이 각기 다를 것 같습니다. 내가 어떤 스토리를 만나고 있는가에 따라 사 고방식이나 행동 양식이 달라지는 게 당연하잖아요.

고이데   생사 문제를 스토리와 연결시킬 수 있다면 인생의 원초적 인 면에서 안도감을 느낄 수도 있겠어요.

샤쿠   그렇습니다. 물론 스토리를 만나지 않아도 자신의 생과 사 에 관해 고뇌나 의심이 전혀 없다면 그것으로도 충분하겠지만요. 하지만 그렇지 못하거든요. 보통 사람이라면 생각하지 말라고 해 도 저절로 생각이 나고, 신경 쓰지 말라고 해도 거슬리는 게 당연 합니다. 가령 사후 세계에 관해 "그런 문제는 아무리 고민해도 해 결되지 않는다. 그런 생각 자체를 버려야 한다"라는 말을 들어도 불안이나 의심을 떨쳐 버리지 못하는 사람이 있습니다. 그런데 '내 힘으로는 어쩔 수 없구나' 하고 자각하면 모든 것을 부처한테 맡겨 버리죠. 정말 맡길 수 있다면 해결됩니다. 이건 자칫 위험천 만한 과정처럼 보이지만, 사실 불교가 근본적으로 설명하고 있는 부분과도 일치합니다.

고이데 아주 흥미로운 사실이네요.

출가와 재가,
성(聖)과 속(俗)을 차별하지 않는 불교

고이데 처음 화제로 돌아가서, 앞서 유서를 남긴 할머니 같은 분이 나오는 게 일본 불교의 재미난 부분이라고 말씀하셨잖아요. 그 부분에 관해 좀 더 자세하게 말씀해 주시겠어요?

샤쿠 그 할머니는 아주 평범하게 사회생활도 하고 가정도 꾸리면서 일생을 보낸 분이었습니다. 물론 출가자도 아니고 수행자도 아니었죠. 불교의 가르침을 전문적으로 배우거나 불교에 정통한 분도 아닙니다. 설법을 듣고 염불하며 살았을 뿐입니다. 하지만 틀림없이 신란이 '여래와 하나'라고 했을 법한 사람일 겁니다. 이런 사람을 일종의 모델로 하는 게 일본 불교의 특성입니다. 이를 저는 'Normalization Buddhism(정통불교)이라고 부릅니다. '노멀라이제이션'이란 원래 사회복지 용어입니다. 지체 부자유자나 고령자 등 불리한 여건을 안고 있는 사람들을 다른 사람들과 구별하지 않고, 가능한 한 모두 동등하게 일반적인 생활을 하도록 추구하는 이념이나 실천을 말합니다. 일본인의 종교성에는 세속을 버

샤쿠
텟슈

리고 성스러운 삶을 보내려 하기보다는 세속 안에서 고뇌하면서 살아 내는 자세를 평가하는 감성이 있다고 봅니다. 결과적으로 일본 불교는 출가라는 형식이 무너지고 계율 등도 변형되어 아주 평범하게 사회생활과 가정생활을 보내는 방향으로 이동했습니다. 그로 인한 문제점이나 폐단도 여럿 나타나고 있죠. 하지만 일본 종교의 특성이라고 인정할 수밖에 없습니다. 예를 들면 성인이나 사미승, 재가승 등 반은 세속에 속하고 반은 스님인 사람들이 활약해 온 것도 일본 불교의 큰 특징입니다.

고이데 일반인처럼 직업이 있고 가정을 꾸리고 사는 사람들을 위한 길이군요.

사쿠 그런 경향은 근대에 이르러 급속하게 진행되었습니다. 그래서 일본 불교가 못 쓰게 된 부분도 많습니다. 하지만 돌아보면 상당히 초기부터 이런 방향을 지향했던 것도 같아요.

고이데 대륙에서 불교가 전파된 시점부터란 말씀이신가요?

사쿠 네. 일본 최초 간행물이 《삼경의소(三經義疏)》잖아요. 쇼토쿠 태자[07]의 강의를 책으로 만들었다는데, 여기에서 삼경이란《법화경》과 《유마경》, 《승만경》이에요. 이 삼경은 모두 출가자와 재가자와의 차이를 해체하는 데 중점을 두고 있어요. 심지어 《유마경》은 재가자를 우위에 두었죠. 이런 경전을 일본에서는 중요하게 여겨 온 겁니다. 이런 유형의 경전에 매력을 느끼고 소중하게 다루었다는 것은 처음부터 노멀라이제이션 경향이 있었다는 증거가 아니겠습니까?

고이데 일본 불교가 초창기부터 일반인의 나아갈 길을 제시했다는 건 몰랐어요. 하지만 원래 불교가 태어난 배경에는 생활 속에서 직면해야 하는 어쩔 수 없는 자신의 모습이라든가, 거기에서 발생하는 괴로움 같은 것을 헤아렸기 때문일 거라는 생각은 했거든요. 그래서 노멀라이제이션의 흐름이 일어난 건 국소적이었다 해도 필연이었을지도 모르겠네요.

샤쿠 세속을 버리고 성스러운 삶을 추구하는 길보다 세속 안에서 고뇌하면서 살아가는 길을 평가하고자 하는 거죠. 세속에서 벗어난 생활보다 일상을 살아가는 자세가 더욱 중요하지 않냐는 생각입니다. 또 세속에서 벗어날 수도 없으니까요. 원래 인간이란 에너지가 넘치는 생물이거든요. 인류는 어느 시점부터 생태계의 흐름에서 벗어난 쪽으로 걸어왔어요. 예를 들면 사자 무리는 자신이 배부를 때는 다른 동물이 눈앞을 지나가도 습격하지 않는다고 하죠. 이건 단순히 불필요하기 때문이에요. 인간 외의 동물은 쓸데없는 일을 벌이지 않아요. 커다란 사이클에 맞추어 살다가 죽어 갈 뿐입니다. 하지만 인간은 배가 빵빵해도 좋아하는 음식을 보면 먹어 버리거나 자기 유전자를 남기기 위한 목적 외에도 생식행동을 한다거나 하잖아요. 기본적으로 지나친 부분이 인류에게는 있어요. 그 과한 욕심에 기쁨의 근원이나 고통의 근원이 있다는 사실을 일찍이 인류가 깨달았을 겁니다. 그곳에 인류의 테마가 있는 게 아닐까요.

고이데 과한 욕심과 어떻게 사이좋게 살아가느냐 하는 점에 포인트가 있을 것 같군요. 멸하는 게 아니라 맞추어 간다는 쪽으로요.

사쿠 그렇죠. 없애 버리자는 사상도 발달시켜 오긴 했지만, 한편으로 조화를 이루자는 길도 성숙했습니다. 과한 부분은 고통의 씨앗이지만 기쁨의 원천이기도 하고 음악이나 예술, 과학의 근원이기도 하잖아요. 한번에 딱 잘라 멸하기도 어려운 일입니다. 물론 멸하는 게 궁극적으로 추구하는 지평이기는 하지만 조화로운 길도 무시해서는 안 됩니다. 불교에서는 과한 욕심을 현명하게 맞추어 갈 수 있다면 괴로움이나 기쁨을 초월한 곳에 있는 본질적인 행복에 도달할 수 있다고 역설합니다.

바람직한
불자의 태도

고이데 그 조화를 이루기 위해서 불교에는 정말 많은 여정이 있잖아요. 일본의 전통적인 불교 종파만 해도 염불, 선, 법화, 밀교가 있듯이요. 최근에는 상좌불교도 늘고 있는 것 같고요.

샤쿠 여러 길이 열려 있다는 건 불교의 재미난 부분입니다. 그 때문에 더욱 길을 잃고 헤매지만요.

고이데 그렇네요(웃음).

샤쿠 모든 과정을 체험한 다음에 자신에게 맞는 길을 선택하는 게 가장 이상적이겠죠. 하지만 인생이 그리 길지 않아요. 현실적으로 무리입니다. 어느 길이건 평생 걸려요. 하지만 성심성의껏 진지하게 걷다 보면, 그 체계가 불교로 묶여 있는 한 어느 길을 걷더라도 도착지는 같습니다. 그러니까 우선은 자신의 연(緣)을 찾는 길이 불자로서 바람직한 태도가 아닐까 싶습니다.

고이데   연을 찾아가는 길이라.

사쿠   주변을 둘러보면서 어쩌다 연이 닿는 곳으로 힘차게 진격해 가는 것. 그 길이 진실하다면 틀림없이 도달할 수 있습니다. 또 만일 진지하게 연을 찾아간 끝에 도저히 자신과 어울리지 않는다고 깨닫는다면, 그곳에서 다시 다른 연을 찾아가면 되는 겁니다. 그런 의미에서는 일본이 꽤 살기 편한 곳이에요. 불교 체계가 이렇게 두루 존재하는 곳이 다른 나라에는 없을 거예요. 인도 대승 불교의 대표인 중관(中觀)파도 남아 있고, 유식, 밀교, 상좌불교, 염불, 선…… 모조리 남아 있잖아요. 어느 체계이건 소멸하지 않고 명맥을 유지하고 있으니 얼마나 대단해요. 손만 뻗으면 닿을 범위에 대부분의 불교 체계가 남아 있다는 건 세계적으로도 매우 드문 경우예요. 이런 문화권 안에서 태어난 이상 역시 연을 찾아가야죠.

고이데   모든 길은 같은 곳으로 통하니까, 우선 자기 연이 닿는 곳에서 어떻게든 진지하게 길을 걸어가야겠군요.

심신을 조율할 수 있는
공간으로서의 종교

244

샤쿠　일본에서 살아온 사람들의 종교성에 관해 이야기가 나왔으니 좀 더 이어 가 볼까요. 동쪽 끝 열도에서 살아온 사람들은 자기 지역의 종교성에 몸과 마음을 튜닝하는 게 장기고, 그 장기를 계속 성숙시켜 왔다는 점을 인정해야 해요.

고이데　튜닝이라고요?

샤쿠　특정 지역의 스토리에 지혜롭게 맞추어 가는 특성에 대해서는 다시 생각해 보고 싶은 주제입니다. 하나가 된 몸과 마음은 인간에게 근원적인 기쁨이니까요. 또 앞에서 스토리와 정보를 구별한다는 이야기를 했는데, 스토리는 전달할 수 있어야 제 기능을 발휘하잖아요.

고이데　전달 기능까지 포함해야 스토리라고 할 수 있군요.

샤쿠　맞습니다. 그 자리에 맞추어 가는 종교성은 현대인이 품기 쉬운 고난에 대해 고찰하는 실마리가 될 겁니다. 현대인은 개인적인 공간을 확보하는 데 목을 매잖아요. 자기 자신이라는 울타리를 치고 살고 있어요. 또 그렇게 하지 않으면 살아가기 힘든 사회가 되기도 했고요. 아까 말한 것처럼 유년 시절부터 자기표현을 하라, 자기주장을 하라, 스스로 결정하라는 등 압박을 받기도 하고요. 그러나 불교에서 말하듯 자신을 강조하면 할수록 괴로울 수밖에 없어요. 현대인은 상당히 가혹한 상황에 놓인 겁니다. 동시에 정반대 방향에서 끌어당기고 있으니 말입니다. 마음이 찢겨 나가기 쉬운 것도 무리는 아니죠.

고이데 정말 그런 것 같아요.

샤쿠 그런 사회일수록 울타리를 걷어 내고 심신을 튜닝할 수 있는 곳에 발을 들여놓는 게 매우 중요합니다. 그곳에 가면 아무리 힘겨워도 다시 내일을 살아갈 힘을 얻을지도 모르니까요. 그곳이 절이라면 더더군다나 감격스러운 일이겠죠.

고이데 사실 저도 지금 절에서 〈Temple〉이라는 대화 모임을 정기적으로 개최하고 있어요. 간단히 설명하면 '아무것도 아닌 존재로서 대화를 해 보자'라는 취지입니다. 절 본당에서 처음 만나는 사람끼리 소그룹으로 나누어 연이 닿는 대로 그 자리에서 일어나는 대화를 즐기는 아주 심플한 모임인데요. 참가자들이 마지막에는 뭔가 개운한 얼굴로 돌아가더라고요. 본당은 부처가 기거하는 곳이잖아요. 그런 곳이라면 모두 함께 '아무것도 아닌 존재'가 될 수 있나 봐요. 인간 세계에서 짊어진 역할이나 지위를 일시적으로 벗어던지고, 그 자리에서 나누는 이야기에 자신을 오롯이 내놓는 거죠. 말 그대로 튜닝이요. 그 자리에서 무슨 이야기가 오고 가는지 사실 그다지 중요하지 않아요. 단지 그곳에서 서로 나누는 이야기에 몸과 마음을 의지할 뿐인데도 살아가는 힘을 얻기도 하나 봐요. 참가자들의 모습을 보면 그런 생각이 들어요.

샤쿠　전달 내용보다는 전달 자체에 자신을 맞추어 가는 게 중요하기도 하니까요.

오사카 할머니들의
페르소나를 익히자

샤쿠　오사카 할머니들이 그런 거 잘하잖아요. 저도 비교적 여러 곳에서 "슬플 때는 오사카 할머니가 되자"라고 말하고 다니거든요. 오사카 할머니의 페르소나를 익히자고 권할 때가 있어요.

고이데　오사카 할머니의 페르소나! 뭔가 박력 있는 단어 조합이네요.

샤쿠　오사카 할머니들은 이야기의 내용보다 흐름을 중요하게 여겨요. 대화에 끼는 게 수준급이죠. 저도 그런 사람들 속에 섞여 자랐어요. 시골에서는 주민들이 날마다 절에 시주하러 옵니다. 와서 불평하거나 고민을 상담하면서 울기도 하고 화도 내고 그러죠. 하지만 그걸 옆에서 듣고 있으면 이야기가 점점 샛길로 빠지는 게 딱 보여요(웃음). 마지막에는 "아하하!" 하고 웃으면서 돌아가기도 하고요. 당장은 속이 후련해지는 거죠. 원래 안고 있던 문제는 하나도 해결된 게 없는데도 말이죠. 어린 마음에도 '저건 뭐지?' 하는 생각이 들더라고요. 하지만 지금은 인생을 달관한 사람들의 노하우라는 걸 알죠. 삶은 생각대로 나아가지 않습니다. 그러니 고뇌하는 거고요. 하지만 애초에 인생을 생각대로 디자인하는 것은 불가능합니다. 해결되지 않는 문제를 끌어안고 끙끙댈 바에야 옆길에 버리고 가는 것이 낫다는 걸 깨달았습니다.

고이데　아하, 그렇군요.

샤쿠　우리는 날마다 여러 가면을 바꾸어 쓰며 살고 있잖아요. 제 경우는 스님으로, 아버지로, 또 자식으로, 여러 가면을 구분해 사용하며 살고 있는 셈입니다. 정신분석에서는 가면이 너무 두꺼워지면 본래의 자신이 억압되어 불편하다고 말하지만, 불교에서는

'본래의 자신 따위는 없다'라고 설명합니다. 모두 가면이라는 거죠. 이건 중요한 지견(知見)이라고 생각합니다.

고이데   본래 자신 따위는 어디에도 존재하지 않으니 오사카 할머니의 페르소나로 위장해도 손해 볼 일 없고, 오히려 편안해질지도 모르니까 적극적으로 위장하자는 거군요(웃음). 의욕적이어서 좋네요.

샤쿠   자신의 본모습은 다른 곳에 있다는 관점은 현재의 자신을 부정하는 마음과 세트일 경우가 많습니다. 지금 자신의 모습은 진짜가 아니라는 생각이 크니까요. 그런 안 좋은 상황도 있어요. 그러니 본모습 따위 없다는 생각은 인류의 커다란 지혜라고 생각합니다. 고단한 삶을 버텨 낼 수 있는 원동력인 거죠. 아니면 멋들어지게 죽음을 맞이하거나요. 어쩌면 타인에게 자비를 실천하기도 하고요. 연기설에서 가르치는 핵심이 그 부분입니다.

고이데   어디까지나 지금 삶을 견뎌 내기 위한 가르침이라는 말씀이군요.

샤쿠   지금 이곳을 살아가기 위한 가르침이지, 세상의 법칙을 설

샤
쿠
텟
슈

정신분석에서는 가면이 너무
두꺼워지면 본래의 자신이
억압되어 불편하다고 말하지만,
불교에서는 '본래의 자신 따위는
없다'라고 설명합니다.
모두 가면이라는 거죠.

명하는 게 아니에요. 그것이 사실이건 아니건 상관없어요. 그곳에 우뚝 서기로, 버티고 서서 살아 내자는 자세죠. 불교는 매우 실천적인 사상입니다. 어디까지나 일상에서 발을 떼지 않아요. 하지만 세상 밖으로 이어지는 회로는 열어 놓고 있습니다. 그곳에 불교의 구원이 있는 겁니다.

> 소비자 마인드로는
> 구원 스토리를 만나지 못한다

고이데　뭐랄까요. 불교의 가르침이란 한마디로 정의하기 어려운 것 같아요. 자신이라는 스토리를 끊임없이 의심하고 오해와 착각을 걷어 내며, 그 앞에 열려 있는 것을 구원이라고 한다……. 거기까지 도달한다면 다행이지만, 일반적으로는 좀처럼 이해하기 어려울 것 같아요. 그 바로 앞에서 탈락해 버리는 경우도 상당히 많겠는데요.

샤쿠　민감한 현대인이라면 '이 고통과 마주하기 위한 열쇠가 불교에 있을 것 같아'라는 기대를 품고 있을 겁니다. 그래서 불교에 대해 조금 물어보고는, 더욱 모르겠다며 두 손을 들어 올릴지도 모르죠. 불교 체계는 어마어마하게 거대하니까요. 게다가 그 속에

샤쿠
텟슈

251

완전히 다른 스토리들이 뒤섞여 있으니 말입니다. 이게 불교의 특성입니다. 착지할 것 같으면 다시 끌어올리죠. 이해하려 하면 더욱 멀리 달아나 버리고요. 그래서 불교를 알면 알수록 더욱 모르겠다고들 합니다만, 이해에서 멀어짐으로써 구원받는 순간이 결국에는 옵니다.

고이데 이해와 멀리 떨어진 구원이라…… 그렇군요. 하지만 인간이라면 자신을 온전히 지키면서 구원받고 싶어 하니까, 자신을 이해하지 못하면 구원까지 다다르지 못한다고 생각하지 않을까요. 자신이라는 스토리마저 걷어 낸다면 저항감을 느끼는 사람이 많을 것 같아요.

샤쿠 그렇죠. 불교는 지금까지 필사적으로 쌓아 온 자신이라는 존재조차 풀어 주라고 합니다. 자신이 해방되니 더욱 구원받는 것인데, 이 길을 가 보지 않으면 실감하지 못합니다. 정보를 끌어모아도 불가능해요. 그러니 불교에는 수행을 통해 길을 열어 가자는 식의 대안이 많습니다. 우선 염불을 외고, 좌선을 하면서 다스리는 겁니다.

고이데 이해하건 못하건 우선 해 보자는 뜻인가요?

252

샤쿠   그 실마리를 어떻게 제대로 제시할 수 있을지, 지금 스님들이 이런저런 방법을 모색하고 있는 것 같습니다. 오늘날 스님들이 고민하는 주제죠. 한 세대 전의 설교 음원을 들어 보면 '이런 어려운 이야기를 일반 사람에게 잘도 전파했네' 싶습니다. 딱 한 번 만에 이해시키고 보내지는 않겠다는 거죠(웃음). 이해하는 데 평생을 바치도록 설명해 놓았더라고요. 과거에는 절에 한번 연을 두면 평생 갔으니까요. 아니, 평생이 아니라 몇 세대에 걸쳐 이어져 내려왔죠. 그러니 계속 듣고 있으면 언젠가는 알겠지 하는 느낌으로 말하는 겁니다. 하지만 지금은 그런 방식으로 하면 안 먹힐 거예요. 시주하는 제도도 무너졌고 줄곧 같은 절에 다니는 게 당연한 일이 아닌 시대니까요. 가령 문화센터에서는 하나의 콘텐츠와 관련된 패키지가 잘 완성되어 있어요. 그 패키지를 수강자가 선택해 구입하는 형식이죠. 그런 형태가 일반화되어 있으니 서비스를 제대로 제공하지 않으면 찾아 주지 않잖아요.

고이데   그럴지도 모르겠네요.

샤쿠   고객의 요구에 맞추려고 열심히 아이디어를 짜내는 스님들이 많아졌어요. 그건 필요한 과정입니다. 하지만 절은 고객의 요구나 그에 따른 서비스와 같은 구조를 걷어 내고 불도를 걷기 위한 공간입니다. 그 점을 분명하게 인식하지 않으면 안 될 겁니다. 또 현대인에게 어울리는 서비스를 받고자 하는 마인드, 소비자 마인드 자체에 대해서도 생각해 보아야 합니다. 그러지 않으면 불교적 정보를 활용하는 것으로 그치고 스토리를 만나기는 어려울 겁니다.

고이데 정말 산 넘어 산이군요. 평생 몰두하겠다는 의지가 없으면 불교의 진면목을 볼 수 없다고 생각하는 게 좋겠어요. 하지만 온 마음을 다해 길을 걷다 보면 종착지에서, 유서를 남긴 할머니가 본 광경을 볼 수 있을지도 모르겠죠. 그건 역시 위대한 구원일 거예요. 저 역시 이리저리 방황할지라도 당장은 길을 걸어 보기로 했습니다. 스님, 오늘 귀한 말씀 들려주셔서 감사합니다.

01 일본의 고승 신란의 법어를 제자 유이엔(唯圓)이 편찬한 불교 서적. 탄이(歎異)란 다름을 탄식한다는 뜻이다.

02 덕 높은 스님들의 가르침을 바탕으로 믿음에 관한 자신의 입장을 밝힌 신란의 저술. 정토불교의 주요 논서 중 하나다.

03 우에키 테쓰조(植木徹誠, 1895~1978). 정토진종 오타니파에 속한 스님이자, 배우 우에키 히토시(植木等)의 아버지. 사회주의자로 노동운동 및 부락 해방 운동에 열정적으로 참여했다.

04 시가라키 타카마로(信楽峻麿, 1926~2014). 정토진종 혼간지파에 속한 스님. 전 불교전도협회 이사장. 교토 소재 류코쿠대학교 학장을 역임했다. 2011년 불교전도문화상을 수상했다.

05 윌리엄 제임스(William James, 1842~1910). 미국의 철학자이자 심리학자. 니시다 키타로, 나쓰메 소세키 등 일본 문호들의 사상에 영향을 미쳤다.

06 호넨(法然, 1133~1212). 일본 정토종을 연 인물.

07 쇼토쿠 태자(聖德太子, 547?~622?). 아스카(飛鳥) 시대의 정치가이자 사상가. 호류지(法隆寺), 시텐노지(四天王寺) 등 많은 사찰을 지었으며, 일본 불교를 중흥시킨 인물로 평가받는다.

꽁꽁 얼어붙은
나를 녹여 주는
부처의 목소리

오미네 아키라 大峯 顕

1929년 나라현(奈良県) 출생. 1959년 교토대학교 대학원에서 문학연구과 박사과정을 수료했다. 1971–1972년 문부성재외연구원으로 하이델베르크대학교에 유학했으며, 이후 오사카대학교 교수, 류코쿠대학교 교수, 정토진종교학연구소 소장 등을 거쳐 오사카대학교 명예교수로 재직했다. 전 센류지(専立寺) 주지이자 하이쿠 작가로도 활동했다. 저서로《신란의 코스몰로지(親鸞のコスモロジ_)》,《종교수업(宗教の授業)》,《너 자신으로 돌아가라–지식과 믿음에 관한 대화(君自身に遠れ知と信を巡る対話)》,《단 하나의 생명–잘 살기 위한 힌트(命ひとつ_よく生きるヒント)》등이 있다.

진실된 말에 따라
살아가는 것이 깨달음이다

고이데 스님이 집필한 책을 모두 읽었는데요. 일관되게 '진정성'에 관해 말씀하셨더라고요. 굉장히 감명을 받았어요.

오미네 직업상 사실밖에 말 못 합니다(웃음). 하지만 특별한 내용은 아닙니다. 일반적인 견해죠.

고이데 일반적이라는 말씀이 맞네요. 진리에 대해, 진정한 생명에 관해 너무도 자연스럽게 말씀하셔서 놀랐어요.

오미네 가능한 진정성을 담으려고 신경을 쓰기는 했지만, 그러지 못한 부분도 있어요. 다른 이야기를 한들 재미도 없을 것이고요.

고이데 의지가 되는 말씀입니다. 오늘 잘 부탁드릴게요. 이번 인터뷰의 주제는 〈열려라! 깨달음이여!〉입니다. 스님은 정토진종 혼간지파에 소속되어 있는데, 진종에서는 일반적으로 깨달음이라는 단어를 쓰지 않더라고요.

오미네아키라

오미네 네. 안 씁니다.

고이데 그런데 불자가 아닌 저로서는 진정한 생명을 만난 순간을, 굳이 말하자면 깨달음이라고 표현할 수 있을 것 같은데요.

오미네 가능하죠. 단지 깨달음이라고 하면 선종의 전매특허인 양 치부되고 있어서 오해를 받기 쉬워요.

고이데 확실히 '혹독한 수행을 거쳐야 겨우 도달할 수 있는 특별한 경지'라는 이미지가 있죠.

오미네 특별한 심정이 된다는 걸 깨달음으로 표현하고 있어요. 원래는 진실된 말을 듣고, 그에 따라 인생을 살아갈 때 그 가치를 의미하는 단어죠.

고이데 깨달음은 특별한 경지도 뭣도 아니며 단지 진실된 말, 즉 진정한 생명이 이끄는 대로 살아가는 것이라는 뜻이군요.

오미네 그렇죠. 하지만 일반적으로는 그렇게 생각하지 않을걸요.

고이데 너무 고상한 이미지만 쌓여 있네요.

오미네 기존의 정토진종에서는 그 부분에 예민했나 봐요. 우리 종문(宗門)에서는 깨달음이 없고 신심이 있을 뿐이라고 강조합니다. 그런 틀에 박힌 표현에 "깨닫지 못한 인간이 도달하는 길은 믿음이다'라는 식으로 말하는 오랜 습성이 있어요. 그러다가 심하면 선종보다 진종이 뛰어나다고 착각하기 시작하는 거죠.

고이데 어렵네요.

깨달음이야말로
종교의 본질

오미네 깨달음 말고 훨씬 어울리는 표현이 있으면 좋을 텐데 말이죠. 스즈키 다이세쓰[01]나 제 스승인 니시타니 케이지[02] 선생은 Awareness라는 표현을 사용하고 있습니다.

고이데 Awareness. 굳이 해석하자면 깨달음일까요.

오미네 그렇죠. 저와 함께《네 자신으로 돌아가라: 지식과 믿음에

관한 대화(君自身に還れ知と信を巡る対話)》라는 책을 집필한 이케다 아키코[03] 씨도 깨달음이라는 표현을 썼어요. 이케다 씨는 제가 쓴 《종교 수업(宗教の授業)》이라는 책에 관한 서평을 주간지에 남겨 주었는데, 거기에서 이런 말을 했더군요.

앞으로의 종교는 초월적인 존재를 믿는다는 의식을 갖기 어려울 것이다. 현대인은 대부분 인생이란 태어나서 죽을 때까지를 의미하며, 자신을 자기 외의 어떤 존재도 아니라고 믿고 있기 때문이다. 그러나 가만히 생각해 보면 인간이 태어나고 죽는 일은 본인의 의지를 능가하는 문제다. 말하자면 초월적인 현상인 것이다. 그렇다면 초월적인 것은 내재한다. 불심은 자신 안에 있는 자신을 넘어서서, 혹은 자기 본연의 모습으로서 현재에 존재한다.

신앙에 대한 지금까지의 관념은 더 이상 무의미해졌습니다. 무언가를 믿는다는 것이 전통적으로 종교적 입장이었지만, 이제 그 표현은 정확하지 않아졌고 가벼워졌습니다. 이제 믿음은 단순한 착각이라고 인식되기 시작했다는 거죠. 종교가 착각이 아니라 깨달음이라는 설명은 정확한 논지라 생각합니다.

고이데 그렇군요. 착각은 개인이 하는 거니까요.

오미네 그렇죠. 아미타 부처님을 성심으로 믿는다고 자기 멋대로 해석하면 안 됩니다. 그런 신자도 많지만요.

고이데 듣고 보니, 믿는다고 하면 대상과의 사이에 거리가 생기는군요.

오미네 마치 대상이 자기 맞은편에 있는 것처럼 들립니다. 하지만 사실은 부처이건 신이건 자기와 가장 가까이에 공존하거든요. 부처가 앞에 있고 자신은 맞은편에 있다는 식으로 거리감을 두는 건 잘못된 생각입니다. 신란은 이 거리감을 극복한 인물이에요. '현생정정취(現生正定聚)'라는 사상이 그가 설한 정토진종의 핵심입니다. 아미타 부처님을 믿는 사람은 살아 있을 때부터 왕생해 부처가 된다는 뜻이죠. 신앙심이 결정될 때 동시에 왕생도 결정된다, 이것이 바로 정토진종이라고 분명하게 주장한 사람이 신란입니다. 지극히 당연한 말을 한 겁니다. 만일 그렇지 않았다면 신앙심이라고 말해도 아무런 의미가 없어요. 일종의 환상이죠.

고이데 그렇네요. 옛날이야기에 불과하군요.

오미네 옛날이야기를 듣고 혼자 기분이 업되는 거죠.

고이데 　생명에 기인한 질문을 품고 있는 사람에게는 만족스럽지 못한 해석이겠네요. '그래서 어쩌라고', '그 옛날이야기가 나하고 어떻게 연관이 있는데?' 하는 반감이 들 거예요.

이케다 아키코가 보낸 마지막 편지

오미네 　이케다 아키코 씨는 그런 타입이었습니다. 저와 대담했을 당시 암으로 투병 중이었어요.

고이데 　그분이 46세로 유명을 달리하기 한 해 전에 대담을 하셨죠?

오미네 　네. 이케다 씨 본인도 여생이 얼마 남지 않은 줄 알고 있었는데, 대담이 끝나고 반년 정도 지난 즈음 한 통의 편지가 도착했어요. 개인적이라고 보기에는 너무 철학적인 내용이었죠. 게다가 이케다 씨 사유의 변화를 보여 주는 듯한 내용이었어요. 그래서 〈미타문학(三田文学)〉의 편집장인 와카마쓰 에이스케[04] 씨 부탁으로 공개했습니다. 편지에는 이렇게 적혀 있습니다.

내게는 지금까지 '생명근성'이란 게 없다고 생각했습니다. 죽어도 상관없을 것 같았거든요. 말하자면, 생에 대한 집념이 없었던 겁니다. 그래서 이대로 간다면 마땅히 성불할 것이라 믿었지요. 하지만 요즘 생각이 조금 바뀌었습니다. 오히려 이대로라면 성불하지 못하는 게 아닐까요. 죽는 게 두렵지 않다는 마음만으로는 성불하기 어려운 게 아닐까요.

고이데 …….

오미네 죽음 자체는 공포도 아무것도 아니라고 했죠. 오히려 틀린 삶을 사는 게 끔찍하다고요. 인생을 적당히 걷는 게 공포라고 믿었기 때문에 죽음에 대한 두려움은 지금도 없다고 했습니다. 그러니 자신은 성불할 수 있을 거라고 자신했는데, 곰곰이 생각해 보니 이대로는 부처가 되지 못할 것 같다는 거죠. 마음속에 조금이라도 고집이 남아 있지 않을까 하는 의심을 한 것 같아요. 그런 식으로 쓰지는 않았지만, 이케다 씨의 마음 안에는 그런 생각이 있었나 봅니다. 자녀가 있는 것도 아니었기에 가족에게 미련이나 집착은 아예 없었죠. 죽는다고 특별히 달라지는 것은 없다는 식으로 거창하게 떠벌이지도 않았어요. 지금까지는 치료를 제대로 받지 않았지만, 부여받은 생명을 좀 더 소중히 다루지 않으면 성불하지 못할 것 같아서 앞으로는 의사가 시키는 대로 할 것이라고도 적혀 있었어요. 이건 사상가 이케다 아키코의 커다란 방향 전환입니다. 사상이 완전히 반대로 뒤집힌 거예요. 하지만 조금도 어두운 부분이 없고 밝잖아요.

고이데 논리를 초월한 곳에서 깨달음을 얻은 사람답게 밝고 명랑함이 가득 차 있네요. 이케다 씨는 마지막 순간에 〈주간신조(週刊新潮)〉 연재에 '삶과 죽음은 타력(부처의 힘)에 의한 것이다'라는 글을 기고했다고 하더군요.

오미네 네. 이때 처음으로 타력(他力)이라는 용어를 썼더군요.

고이데 본인의 죽음을 눈앞에 두고 이케다 씨는 어마어마한 평온속에 계셨을 것 같아요.

오미네 맞아요. 본인은 나무아미타불이라는 표현을 쓰지 않았을지 모르지만, 그곳에 도달하기 직전까지는 이르렀을 겁니다. 위대한 진리의 세계를 깨달았죠.

고이데 워낙 개성 있고 훌륭한 사상을 지닌 분이었는데, 스님과의 인연이 마지막에 결정적인 역할을 했을지도 모르겠네요.

육체에 대한 집착이
불안의 근원이다

고이데 이케다 씨는 죽을 때까지 영생이라는 주제를 우리에게 전하려 했던 것 같은데요. 저 역시 어느 날 그것을 피부로 느낀 적이 있어요.

오미네 그랬군요.

고이데 물론 죽지 않는다고는 해도 개개인은 분명히 죽잖아요. 육체는 언젠가 제 몫을 다하고 사멸하니까요. 하지만 진정한 생명은 육체가 사멸한다고 해서 절대로 사라지지 않는다는 것이죠. 논리와 상관없이 그 사실을 알아 버렸다고 할까요.

오미네 언제 그런 경험을 했습니까?

고이데 얼마 안 되었어요. 20대 후반이에요. 중학교에 다니던 10대 중반부터 무엇을 위해 태어났을까, 왜 여기에 있을까, 무엇을

오
미
네
아
키
라

267

해도 충족되지 않는 이 상실감은 도대체 정체가 무엇일까, 늘 이유도 없이 불안해서 좌불안석하는 이유는 뭘까, 항상 이런 의문을 품었어요. 하지만 그걸 깨닫지 못한 척하고 가능한 한 뇌와 감성을 억제하면서 고등학교에서 대학교로, 또 사회로 걸음을 옮겨 왔죠. 그런데 나이가 들수록 그 의문이 되살아나는 거예요. 심지어 점점 못 본 척하기 어려워졌어요. 20대에는 한 살씩 더 먹을수록 삶의 고충도 늘었던 것 같아요. 그러다 28-29세였을까요. 어느 날 밤에 살아가는 게 극도로 불안해지더라고요. 제 방에 있었는데, 숨을 못 쉴 것 같고 심장은 쿵쾅거리고 온몸에서 식은땀이 흘렀어요. 발작 같은 증상을 보였죠. 숨 막혀 숨 막혀, 하면서요. 그때 왜 그런 게 떠올랐는지 모르지만 '이렇게 힘들 바에는 한번 죽어 볼까'라는 생각이 들었어요. 실제로 손목을 긋는다거나 옥상에서 뛰어내리거나 하지는 않고 죽음이라는 것을 철저하게 생각하자, 이쪽으로 생각의 방향을 틀었죠. 그리고 죽었다는 상상을 해 보았습니다. 숨이 끊길 듯하면서, 제가 죽어서 관 속에 누워 있는 광경을 필사적으로 상상했어요. 아주 자세하게요. 그리고 장례식 조문객이 되어 제 죽은 몸을 들여다보았죠. 그랬더니 순간 논리를 초월한 지점에서 느닷없이 이해가 되는 거예요. '육체만이 내가 아니었구나. 모든 것이 나구나' 하고요. 나란 존재는 애초에 태어나지도 않았으니 죽을 일도 없다고요. 죄송해요. 말로 표현하니까 이상해졌네요. 하지만 순간적으로 과거에 한 번도 느껴보지 못한 안도감이 저를 감싸는 느낌이 선명하게 들었어요. 이게 바로 머리로는 이해되지 않는 진정한 생명이라는 것이구나 하고 깨달았죠.

오미네 그랬군요. 고이데 씨는 그 순간 '이것'밖에 없다는 절대적인 감각을 깨부순 겁니다. 모든 것이 상대화되었네요.

고이데 정말 상대화가 일어난 것 같아요. 제가 육체와 분리된 느낌이 들어요.

오미네 자신에 대한 집착이 그 순간에는 사라졌나 봅니다.

고이데 그랬을지도 모르겠어요. 물론 그 후에 또 집착은 들러붙었지만요(웃음). 그래도 육체만이 생명은 아니라는 깊은 이해는 절대로 사라지지 않고 남아 있어요. 줄곧 끌어안고 있던 불안이 그때를 기점으로 상당히 약해졌다는 생각이 들어요.

오미네 보통 사람은 육체만 유일한 생명이라고 생각하죠. 그러니 개인으로서의 자신이 죽으면 생명도 사라진다, 죽으면 이미 모든 게 끝이라고 생각하죠.

고이데   개인이 죽으면 끝이라는 착각. 정말 착각이지만, 그야말로 존재에 대한 불안의 근원이었던 것 같아요. 잘못 생각했다고 깨달을 수 있어서 다행이었어요.

진리의 세계와 인간세계는 서로 순환한다

오미네   제 경우에는 절에서 태어나서인지 죽어서 끝이라고는 생각하지 않았습니다. 죽음에 대한 불안이 없지는 않았지만요. 이 몸이 죽어서 묘지까지 실려 가서 화장된다 해도, 거기에서 끝난다는 생각은 들지 않았습니다. 이건 환경 덕분이랄까, 전생에 맺은 인연이나 전통의 힘이라고 생각합니다. 만일 평범한 가정에서 태어났다면 끝이라고 생각했을지도 모릅니다. 아마도 정토에서 태어난 사람들에게 인도받은 것 같아요.

고이데   정토에서 태어난 사람들이라고요?

오미네   정토진종에는 '환상회향(還相廻向)'이라는 사상이 존재합니다. 신란이 자세하게 해독한 경전 사상이죠. 아미타 부처님의 본원은 두 종류의 작용을 합니다. 하나는 이 세상을 초월해 정토라는 진리 세계에서 태어나도록 하는 일, 이것을 왕상회향(往相廻向)이라고 합니다. 그런데 그게 끝이 아니에요. 왕상회향에 의해 부처가 된 사람은 아직 부처가 되지 못한 사람들을 구원하기 시작합니다. 즉 자신의 개체의 생에 집착해 방황하고 고통받는 존재를 자기중심적인 시야에서 해방하는 작용을 합니다. 이를 환상회향이라고 합니다. 정토에서 태어난 사람이 인간세계에 돌아온다는 뜻이죠.

고이데   진리의 세계에 도달한다고 목표 달성이 아니네요.

오미네   그렇죠. 왕상회향을 얻으면 환상회향도 동시에 얻는 셈입니다. '나무아미타불에 나타난 회향의 은덕은 넓고 깊어 왕상회향의 진리 안에 환상회향이 들어 있으니 신비롭구나(南無阿弥陀仏の回向の恩徳広大不思議にて往相回向の利益には還相回向に回入せり)'라는 와산이 있어요. 나무아미타불이라는 하나의 진리 안에 왕상회향과 환상회향이 공존한다는 뜻입니다. 왕상회향 안에 환상회향이 들어 있다는 거죠. 얼핏 두 가지인 듯 보이지만 방향이 다를 뿐 실제로는 하나입니다. 이것을 저는 환류(環流)라고 합니다. 아미타 부처님의 본원해(本願海)의 물은 순환하고 있거든요. 이쪽에서 저쪽으로 흐르는 강과 저쪽에서 이쪽으로 나오는 강이 직선으로 나뉜 게 아니라, 하나의 강줄기로 정토와 인간세계 사이를 오간다는

오미네아키라

겁니다.

고이데 그곳에는 경계가 없다는 뜻이군요.

오미네 방향만 다를 뿐 작은 것 하나도 흐름이며 하나의 생명 줄기
다, 신란은 이렇게 생각한 거죠.

나를 초월한 믿음이
내 안에서 일어난다

고이데 왕상회향이란 신심을 얻는다는 말과 같으요?

오미네 왕상회향은 신심으로 얻을 수 있는데요. 그러면 그 사람은
이미 부처가 되는 길이 정해지는 거잖아요. 다른 사람을 구원할
수 있는 가능성이 잠재하는 거죠.

고이데 자격이나 조건은 필요 없나 보죠?

오미네 그런 셈입니다. 무언가를 부수적으로 하지 않으면 환상회
향할 수 없는 게 아니라, 왕상회향이라는 신심을 얻으면 완전히

똑같은 순간에 환상회향의 힘을 부처로부터 받는다는 뜻입니다. 일반적으로는 이 부분을 이해하지 못하는 사람이 많아서 부처가 되는 것만이 당장의 목적이라고 오해합니다. 그렇게 되면 가령, 전국 시대에 정토진종 본원에 속한 신도들이 일으킨 저항운동[05]이나 혼간지가 전국 시대의 무장 오다 노부나가(織田信長)와 싸웠을 때처럼, 그런 격변의 살육 장면에서 '앞으로 나아간다면 극락이다, 도망치는 자는 지옥이다'라는 말을 하고 사상이 세속의 목적으로 이용돼 버려요. 종교에는 그런 위험성이 숨어 있습니다. 이건 폴 틸리히[06]라는 독일 신학자가 '종교의 악마화'라고 언급한 현상입니다.

고이데 종교의 악마화라……. 아까 이야기로 말하자면 믿음이라는 것을 잘못 인식해 버리기에 일어나는 일이겠죠?

오미네 그렇습니다. 바꾸어 말하자면 '자아'가 됩니다. '내 신앙'이라고 하듯 머릿속에서 내 것이라는 수식어를 붙이니 문제가 되는 겁니다.

고이데 내 것이라는 수식어를 붙인 시점에서 신앙이 아닌 거죠.

오미네 그에 관한 이야기는 기독교와 비교하면 알기 쉽습니다. 스위스의 신학자 칼 바르트[07]가 1935년에 대학교에서 강연한 내용을 실은 《나는 믿는다-사도신경에 관한 교의학의 주요 문제(われ信ず—使徒信条に関する教義学の主要問題)》라는 책이 있습니다. 영어로는 'I believe', I로 시작하지요. believe는 상관없는데 거기에 주어가 붙으면 신앙심의 본질을 잃어 버립니다. 타력의 신심에는 주어가 없습니다. '내가 아미타 부처님을 믿는다'라는 의식이 아니라 나를 초월한 믿음이 내 안에서 일어나는 것입니다. 나라는 의식이 없어요.

고이데 나는 명백하게 사라지고 오로지 믿음만 남는군요.

죽음에 대한 공포는
진리와 대면하는 길이다

고이데 원래 이야기로 돌아가면, 스님은 '죽는다고 끝이 아니다'라는 개념을 어릴 적부터 이해했다고 하셨는데요. 한순간이라도 죽음에 대한 공포에 휩싸인 적이 없나요?

오미네 불안을 느끼기는 했죠.

고이데 언제 그런 불안이 강해졌나요? 학생 시기였나요?

오미네 아뇨, 마흔을 넘긴 후였습니다. 마흔둘에 가족과 함께 독일에서 유학하고 귀국했는데요. 그 후에 어쩐 일인지 날마다 밤이 되면 죽는 게 굉장히 두렵더라고요. 죽는다는 건 도대체 어떤 상황일까 하는 불안이 밤만 되면 잔인하게 찾아왔어요. 매일 밤마다요. 스님인 아버지에게 물어보면 답을 얻을 수도 있었겠지만, 제가 서른여섯에 돌아가셨으니 불가능했죠. 그래서 니시타니 선생님 댁까지 혼자 찾아갔어요. 이 물음에 답해 줄 사람은 그분밖에 없다고 생각했어요.

고이데 니시타니 케이지 선생님은 니시다 키타로[08] 씨의 직속 제자잖아요.

오미네 맞아요. 니시다 선생님의 수제자죠. 교토대학교에서 교편을 잡을 때부터 좌선도 하셨어요. 쇼코쿠지(相国寺)의 노스님한테서 "자네는 훌륭한 승려가 될 거야" 하고 인정도 받았습니다. 이분이라면 분명 가르쳐 주실 거라는 생각에 집까지 찾아갔죠. 그랬는데 선생님이 제 얼굴을 보려고도 하지 않으시는 거예요. 줄곧 옆모습만 보이시면서요. 한동안 뜸을 들이더니 한마디 하시더군요.

"그런 생각이 밤에만 드는가?" 하고요. 불안감이 밤에만 찾아오냐는 거죠. 제가 "네, 아직은 밤에만 느끼고 낮에는 아무렇지도 않습니다"라고 답했더니, 선생님이 다시 다른 곳을 보며 잠자코 계시는 거예요. 그러더니 또 한마디 하십니다. "그 느낌이 대낮에도 찾아오면 훨씬 좋을 텐데" 하고요. 다른 말은 한마디도 하지 않으셨어요. 그런데 그 대답이 큰 힘이 되더라고요.

고이데   어떻게요?

오미네   말하자면, 불안에 사로잡히는 것은 인간으로서 당연한 일이니 밤에만 느낀다면 아직 멀었다는 거죠. 낮이건 밤이건 불안이 엄습해서 그 의문에서 절대로 해방되지 못할 지경까지 가야 한다는 거예요. 선생님이 그렇게까지 말씀하지는 않았지만, 알 수 있었습니다. 제가 환자가 아님을 선생님이 증명해 주신 거죠.

고이데   선생님이 제대로 받아 주신 거군요.

오미네   보통 사람이라면 얼버무립니다. 그런 물음을 스스로 경험하지 않은 스승이라면 "자네 너무 예민한 것 아닌가?"라거나, "요즘 피곤하구나?"라는 식으로 적당히 답하고는 저를 환자 취급했겠죠. 진리와의 대면이라는 식으로 받아 주지 않았을 거예요. 그건 자신이 진리와 대면하고 있지 않기 때문입니다. 니시타니 선생님은 스스로 대면하고 극복한 사람입니다. 그날 다른 사람을 찾아갔다면 절망했을 거예요. 하지만 선생님은 그때 제가 진리로 향하는 길에서 벗어나지 않도록 인도해 주셨습니다. 그야말로 은인이죠. 그날 이후 선생님과는 이 물음에 관해 다시 언급한 적이 없습니다. 그날로 끝이었죠. 선생님 한마디로 저는 완전히 다른 사람이 되었고요.

고이데 스님이 그때 얼마나 위안을 받으셨을지, 상상만 해도 눈물이 핑 도네요.

> 부처의 부름에 대한 응답,
> 나무아미타불!

오미네 이런 물음에 휩싸이는 건 당연한 일입니다. 무엇을 위해 여기에 왔을까? 무엇 때문에 태어났을까? 여기는 어디인가? 현재를 살아간다는 건 도대체 어떤 의미가 있을까? 죽음이란 어떤 상태일까?……. 이 당연한 의구심을 한 번도 가져 보지 않았다면 인간으로서 어딘가 이상한 것이라고 생각합니다. 이건 인생 자체에 관

오미네 아키라

무엇을 위해 여기에 왔을까?

무엇 때문에 태어났을까?

여기는 어디인가?

현재를 살아간다는 건

도대체 어떤 의미가 있을까?

죽음이란 어떤 상태일까?

이 당연한 의구심을 한 번도

가져보지 않았다면 인간으로서

어딘가 이상한 것이라고 생각합니다.

한 질문이잖아요. 우연히 떠오른 의문이 아니라 어쩔 수 없이 물을 수밖에 없는 질문인 거죠. 인생 자체가 처음부터 던지고 있는 질문입니다. 개인이 만들어 낸 질문이 아니라, 개인은 그것에 붙잡힐 뿐입니다.

고이데 붙잡힌다고요? 도저히 헤어나지 못하고 상대방이 다가오듯 훅 생기는 질문이군요.

오미네 상대가 들고 온다는 말이 맞네요. 인간은 그것을 덥석 물어 버리는 거죠. 그 일이 있고 나서 20년쯤 지나 내장 수술을 받았습니다. 60세였죠. 담낭에 용종이 생겼고 그 안에 암이 자라고 있을 수도 있었죠. 만일을 위해 대학병원에서 개복 수술을 받았습니다. 다행히 암은 아니었어요. 집중 치료실에서 집도의가 "오미네 환자분, 수술은 무사히 마쳤습니다" 하고 말을 걸었나 보더라고요. 그때 저는 "네" 하고 대답을 했어요. 그렇게 대답했던 기억이 납니다.

고이데 아직 의식이 돌아오지 않은 단계에서요?

오미네 네. 의식은 자연스레 돌아오지는 않는가 보더라고요. 고도의 인공상태에서 마취를 시켰으니까 외부에서 자극을 주지 않으면 눈을 뜨지 못하는 거죠. 의사가 "오미네 환자, 알겠습니까? 수술은 벌써 끝났어요. 들리면 대답하세요" 하고 말을 계속 시켰나 봐요. 그런데 그 소리를 저는 못 들었거든요. 하지만 대답을 했어요. 대답할 때의 제 목소리만큼은 또렷하게 의식하고 있었던 겁니다. 저는 그 경험을 통해서 '나무아미타불을 왼다는 것이 이런 뜻이겠구나' 하고 깨달았습니다. 아미타 부처님의 부름은 들리지 않았지만 무의식적으로 듣고 있는 겁니다. 그러니 "네" 하고 대답을 할 수 있었겠죠. 무의식에서도 들리지 않았다면 대답했을 리가 없잖아요.

고이데 "네"라는 대답은 그대로 부름에 대한 응답이네요. 아무런 음성도 듣지 못했는데 대답할 리 없잖아요.

오미네 그렇죠. 대답 안 하죠. 이 경험을 나중에 돌아보고 정토진종이 오랜 세월 동안 전통적으로 가르쳐 온 진리란 이런 것이었음을 깨달았습니다. 신심을 얻은 순간이었죠.

고이데 귀중한 말씀이네요.

오미네 "귀명이란 본원초환의 속명이라(帰命とは本願招喚の勅命な

ﾘ)"라는 신란의 말이 있습니다. '이거였구나' 했죠. 귀명이란 아미타 부처님한테 "네" 하고 대답하는 것을 말합니다. 본원이란 '눈을 뜨십시오' 하고 내게 계속해서 말을 거는 아미타 부처님의 목소립니다.

고이데 우리는 원래 줄곧 부름을 받았던 거네요.

오미네 그러니까 눈을 뜨라는 말이 정말 들렸다면 눈을 뜰 수밖에요.

고이데 들린다면 그 순간 눈이 번쩍 뜨이겠죠.

오미네 그렇죠. 수학자는 이런저런 난해한 논리를 펼치지만, 실제로 들린다면 복잡한 논리가 없어도 단숨에 알 수 있습니다.

고이데 그야말로 Awareness, 깨달음이군요.

오미네 깨달음이죠. 믿음이니 뭐니 하는 헐렁헐렁한 체험이 아니에요.

고이데　거리감도 없고요.

오미네　맞아요. 상대방이 부른다는 건 그대로 내가 반응하고 있다는 뜻이고, 아미타 부처님과 나 사이에 거리가 없다는 뜻이에요. 그곳에 인간의 논리 따위는 필요 없습니다.

고이데　"믿자"라는 말은 머리에서 내뱉는 말인지도 모르겠네요. 이런 현상일까, 아니면 또 이런 것일지도 모른다고 하면서 논리적으로 해석해서 대상을 열심히 믿으려고 합니다. 하지만 그곳에 여전히 허세랄까 잔재주가 있는 것 같아요. 그것이 거리를 만들어버리는 거죠.

오미네　믿는 순간은 찰나니까요. 생각할 틈도 없죠. 아미타 부처님의 목소리가 들린 순간이 곧 부처님을 믿은 순간입니다.

고이데　생각도 하기 전에 이미 믿고 있다는 거군요. 정말 강렬한 체험이네요.

　　우주로부터
　　생명을 부여받는다는 것

오미네   이것이 딱히 특별한 체험은 아닙니다. 누구에게나 가능한 일이에요.

고이데   아미타 부처님의 목소리를 듣는 게 특수한 체험이 아니라고요?

오미네   네. 고이데 씨는 날마다 숨을 쉬잖아요? 당신의 의지로 그렇게 하고 있나요? 본인 의지로 폐가 작동하고 있나요?

고이데   앗, 정말이네요.

오미네   본인의 폐와 심장, 내장에 본인의 의지가 어떤 영향을 미치고 있습니까?

고이데   아무것도 없네요.

오미네   그렇죠? 그 말은 당신의 폐와 심장, 내장이 당신 몸 안에 있지만, 당신 게 아니라는 겁니다. 바꾸어 말하면 당신이 만들어 작동시키는 게 아니라는 거죠. 이미 부여받은 겁니다. 우주로부터 부여받은 것이죠.

고이데   이미 우주로부터…….

오미네   타력이란 이런 걸 말하는 겁니다. 그게 불교이며 아미타 부처님이 아니겠는가 하는 거죠.

고이데   지금 이 맥박과 호흡, 장의 움직임이 그대로 아미타 부처님으로부터의 부름이네요.

오미네   그렇죠. 그러니 깨달음이라는 단어를 그런 곳에 사용하면 됩니다. 자신의 내장은 자신의 의지로 움직이는 게 아니라는 것을 깊이 알았다면, 그게 깨달음이에요. 그거면 충분하지 않습니까? 왜 이리 깨달음이 더디게 오냐면서 투덜대고 고민할 필요가 없는 겁니다.

고이데   정말이군요. 이 말씀을 듣고 마음 놓는 사람이 많을 것 같은데요. 너무 당연해서 간과해 버렸지만, 우리는 이미 절대적인 타력의 도움으로 살아가고 있다고요. 아미타 부처님의 자비가 우리를 감싸고 있었구나 하고요.

비움이 자비로 표현될 때
부처가 된다

고이데   그렇다는 것은…… 아미타 부처님은 기독교에서 말하는 신처럼 고정화되고 인격적인 존재가 아니라는 뜻인가요?

오미네   그 부분이 조금 표현하기 어려운 점입니다. 아미타 부처님의 인격과 기독교에서 말하는 신격은 분명히 다릅니다. 아미타 부처님을 인격적인 존재가 아니라고 말할 수 있지만, 단순히 비인격적인 존재라고도 딱 잘라 말하기 어렵습니다. 니시타니 선생님은 '비인간적 인격'이라거나 '인격적 비인격'이라는 표현을 사용하셨는데요. 아미타 부처님한테는 그런 표현을 쓸 수밖에 없죠. 아미타 부처님의 인격은 비움이 뒷받침됩니다. 즉 인간의 마음이나 물질처럼 실체가 없어요. 그 비움이 자비로 나타날 때 인격의 형태를 띱니다.

고이데   비움이 자비로 나타난다고요?

오미네   비움은 원래 아무런 모양도 없잖아요. 하지만 그 말이 단지 텅 비었다는 뜻은 아닙니다. 스즈키 다이세쓰 선생님은 작용한다는 표현을 자주 사용합니다. 비움이 작용하면 자비가 된다, 부처가 된다고요.

고이데   작용한다는 건 구체적으로 어떤 의미인가요?

오미네   현실에서 괴로워하는 중생의 마음에 들어간다는 뜻입니다.

고이데   현실 세계에 특정한 형태를 갖고 나타난다는 뜻인가요?

오미네   비움의 세계는 현실의 세계와 달리 가만히 있지 않아요. '중생의 세계는 힘들겠구나, 불쌍하다'라는 식으로 위에서 그 모습을 내려다보는 게 아니라, 직접 그 세상 속으로 뛰어듭니다. 중생의 고통을 자신의 고통이라고 여기는 거죠.

고이데   그것이 자비라는 말씀이군요.

> 번뇌의 얼음 덩어리도
> 원래는 부처였다

오미네   왜 평온한 비움의 세계에서 중생의 괴로운 세계로 뛰어들어 함께 고통스러워하는지 많은 사람이 의문을 갖는데요. 여기에 '왜'라는 이유는 없습니다. 자비는 이유가 없는 세계입니다.

고이데　이유가 없다고요?

오미네　자비심의 발동 조건에는 인간이 생각하는 그러한 이유가 하나도 없습니다. 이것이 기독교에서 말하는 신의 사랑과 두드러지게 다른 부분입니다.

고이데　기독교와 비교하는 건 흥미 깊네요.

오미네　불교와 기독교가 다른 점은 그 부분일 겁니다. 또 예를 들면 기독교에서는 신에게 반대하는 악마라는 존재가 실제로 나타납니다.

고이데　악마가 실재한다는 말씀인가요? 관념이 아니라?

오미네　관념이 아니죠.

고이데　놀랍네요. 불교에서는 인간이 범하는 선악의 정도에 따라

여섯 번 다시 태어난다면서 수라, 아귀 등의 존재를 설명하잖아요. 그것들이 악의 존재로서 그려지는데, 그것 역시 개체로서 존재하는 건 아니지 않나요?

오미네 불교에서는 일반적으로 악이라는 존재를 그렇게 설명하죠. 그러나 정토진종에서는 '악인성불(惡人成佛)'이라는 사상을 통해 기존의 불교를 넘어서는 견해를 보입니다.

고이데 그렇군요.

오미네 신란이 와산에서 물과 얼음에 관한 비유를 들었는데요. 악이란 얼어붙은 마음 상태를 말하고, 번뇌는 물이 꽁꽁 얼어붙은 상태를 말합니다. 말하자면 우리는 모두 얼어붙어 있는 겁니다. 하지만 얼음이 녹으면 반드시 물로 되돌아가잖아요. 즉 부처가 되는 겁니다.

고이데 부처의 자비, 부처의 목소리가 들렸을 때 말이죠?

오미네 그렇죠. 부처의 목소리가 들리면 자아의 틀 안에서 꽁꽁 얼었던 내가 녹아내립니다. 그리고 "네" 하고 대답을 하는 거죠. "네"

라는 말은 곧 "녹았습니다"라는 뜻입니다. 얼음은 스스로 녹지 않습니다. 하지만 자비의 목소리가 녹여 줍니다. 그러면 부처와 같아지는 거죠.

고이데   같아진다고요? 얼음도 원래는 부처였으니까, 그렇겠네요.

오미네   얼음이란 원래 부처가 얼어붙은 것입니다. 인간세계로 내려오면 부처도 얼어붙어야 하잖아요. 번뇌구족의 인간세계를 안다는 것은 부처가 얼음과 같은 곳에도 들어온다는 겁니다. 하지만 들어오는 것은 얼음이 아니라 빛이죠. 아니면 자비거나. 부처는 얼음을 녹이고 싶은 마음이 간절합니다. 죄악심중(罪惡深重)의 중생을 자신과 같은 존재로 만들고 싶어 합니다. 그러니 빛이나 자비가 되어 들어오는 겁니다. 그곳에 인간이 생각하는 이유 따위는 없습니다. 분별이나 계산 없이 그냥 들어오는 것을 부처라고 하는 거죠. 이런 식으로 말하면 됩니다. 왜 티 없이 맑은 부처가 나쁜 일과 거짓만 말하는 것 같은 죄악심중의 범부 세계로 들어오느냐고, 누구나 당연하듯 묻잖아요? 그런 물음 자체가 얼어붙었다는 증거입니다.

고이데   얼음이 하는 질문이군요.

오미네 얼음이 질문할 뿐입니다. 그건 아직 진정한 질문이 아닙니다. 진정한 질문은 말이죠, '녹여 주면 좋겠다'라는 소망과 같아요.

번뇌를 인정했을 때
자비를 얻는다

고이데 왜 얼음으로 태어나야 했을까 하는 물음은 어떤가요?

오미네 그건 물음이 아니라 의심입니다. 우리는 왜 고통받는가, 욕망이 커서인가 하는 거죠.

고이데 그렇게 생각해 버립니다. 욕망이 고통의 원인이라고요.

오미네 그건 아니고, 욕망에 늘 의심이 붙어 있기 때문이겠죠. 의구심이 고통의 씨앗인 겁니다.

고이데 의구심이군요.

오미네 욕심이 있다는 것, 즉 번뇌 자체는 악이 아닙니다만, 그곳에 번뇌에 대한 의심이 함께 들어 있습니다. 그것이 범부가 고통스러워하는 진짜 원인입니다. 번뇌를 마음 깊은 곳에서 인정하고 있지 않다는 뜻이죠. 하지만 어딘가에서는 작용하고 있습니다. 적당히 타협하고 있는 거죠. 그러나 진정한 악의 자각은 그 의심조차 없는 곳까지 이릅니다. 나는 죄 많은 범부다, 어찌하든 부처가 되지는 못한다, 바닥의 바닥까지 죄악으로 가득한 범부다, 이런 것을 자각하는 겁니다. 그곳에는 의심이 없어요. 번뇌의 바닥까지 이르면 의심이 사라져 버립니다. 말로는 스스로 번뇌에 가득 찬 범부라고 하지만 어딘가 여전히 그것에 대한 의심이 있어요. 정말로 그렇게 생각하는 게 아니라는 거죠. 그러니 언제까지고 번뇌가 사라지지 않습니다. 자비를 얻지 못하는 거죠.

고이데 의심이 없는 곳까지 도달하면 자비를 얻는다고요?

오미네 그렇습니다. 신란도 《탄이초》에서 그렇게 말했잖아요. "나는 정토에 이르려고 나무아미타불을 외지 않는다. 정토에 이르는 길이라는 생각으로 외는 나무아미타불은 어딘가 의심이 남아 있는 염불이다. 염불을 왼다면 과연 정토에 갈 수 있을까, 나는 모른다. 아니면 염불은 지옥으로 이끄는 길일까, 그것도 모른다. 어느 쪽이건 나는 아무것도 모른다. 단지 염불하자고 가르쳐 준 선승의 가르침을 조금도 의심하지 않을 뿐이다. 그러니 어느 쪽이건 본전

오미네아키라

이다" 하고요. 여기에는 일말의 의심도 없습니다. 그것이 신란이란 인물이에요.

고이데 굉장한 박력이네요.

오미네 신란이라는 인물은 자신을 버렸어요. 죄악심중의 범부라고 할 수 있는 이유도 자신을 버렸기 때문입니다. 그곳에서 비로소 아미타 부처님이 베푸는 자비를 받았습니다.

> 깨달은 범부와
> 깨닫지 못한 범부

오미네 이 부분 역시 착각하기 쉽습니다. 정토진종 중에는 자기를 변호하기 위해 자주 "버리지 못하는 자가 범부입니다"라는 식으로 말하는 사람이 있습니다.

고이데 이 대사를 변명으로 사용해 버리는군요(웃음).

오미네 "나는 범부라서 도저히 그런 일을 할 수 없습니다"라고 말합니다. 그러나 자신이 범부라는 건 아미타 부처님이 알려 주셔야

비로소 아는 겁니다. 스스로 납득하는 게 아닙니다.

고이데 그렇군요. 그럼 진정한 범부를 자각한 사람은 결국 깨달음을 얻은 사람이라고 할 수 있지 않나요?

오미네 그렇게 표현해도 되겠죠. 부처의 자비를 받은 사람이란 뜻이니까요. 신심이 깊은 아사하라 사이치[09] 라는 사람은 이렇게 말합니다. "범부라 해도 두 종류가 있다. 방황이 방황 위에 선 범부와 방황이 깨달음 위에 선 범부다"라고요.

고이데 완전히 다른 느낌이네요. 후자가 압도적으로 평온한 느낌이에요.

오미네 깨달음 위에 선 방황. 이것이 진정한 방황이랄까, 정토진종이 말하는 방황입니다. 평범한 사람의 방황은 단순하고 자기 생각에서 머물죠. 그러나 방황이 깨달음 위에 있으면 방황하더라도 그건 반드시 부처의 뜻입니다. 그러니 안심할 수 있습니다.

고이데 방황이 방황 자체라면 문제가 되지 않는 것이, 반드시 부처가 전해주기 때문이다. 이게 진정한 구원이군요.

오미네아키라

오미네 대승불교의 극치죠. 생사즉열반(生死即涅槃), 번뇌를 끊지 않고 열반을 얻는다. 이런 생각은 기독교에는 없습니다. 기독교에서는 번뇌나 악이 늘 신과 대립하니까요.

고이데 꽤 힘들겠어요.

오미네 힘들죠. 적과 싸우라니, 애초에 불가능한 일을 하라는 거니까요. 그래서 처절하게 싸우지 않은 자는 지옥으로 간다고 하잖아요.

고이데 잔인하네요.

번뇌가
없는 곳은 없다

고이데 적이라는 존재를 고정화해 버리는 것 자체가 잔인한 일인데다가 무언가를 적으로 간주하고 싸우는 것도 사실상 자신의 힘만으로는 해결하지 못하는 경우가 있잖아요. 반대로 누군가를 도와주려 해도 혼자만의 힘으로는 도저히 손을 쓸 수 없는 것도 사실이라고 생각하는데요.

294

오미네   개인에게는 그런 힘이 없습니다. 신란도 말했죠. 이 세상에 아무리 안타까운 일이 일어난다 해도 자신의 자비로는 어찌하지 못한다고요. 그러나 부처가 되면 생각대로 도와줄 수 있다고요.

고이데   신란은 바다와 파도에 관한 메타포를 자주 사용했는데요. 파도란 전체의 다이너미즘, 바다 그 자체의 울부짖음 안에서 일어나는 것이며 결코 스스로 선택할 수 있는 게 아니라고요. 아주 사소한 행동, 단 하나의 단어조차 선택할 수 없다고 말이죠. 인간인 이상, 개인으로서 생명이 있는 이상 한 줄기의 파도임을 멈출 수는 없나 봐요.

오미네   그렇습니다. 그러니 한 줄기 파도가 다른 파도를 구원할 수 없는 겁니다.

고이데   저도 깊이 실감하는 중입니다. 파도는 파도를 구원하지 못하죠.

오미네   못 구해요. 파도가 아무리 용쓴다고 해도 한 줄기 파도조차 구하지 못하죠.

고이데 그렇다면 바다의 일부로 돌아가는 것밖에 구원의 길이 없는 게 아닌가요?

오미네 그게 진리입니다. 번뇌가 사라지는 곳은 어디에도 없습니다. 사라져 가는 곳이 따로 있을 것 같지만 없어요. 번뇌는 본원인 바다에 스며들 뿐입니다.

고이데 본원인 바다에 스며든다라…….

오미네 번뇌는 배제되는 게 아니라 불심 안으로 완전히 녹아드는 것입니다. 그리고 한번 녹기 시작하면 끝이 없죠.

고이데 녹기 시작하는 시점이 중요하겠네요.

오미네 중요합니다. 신심의 세계죠. 지금까지 얼어붙었던 마음이 신앙을 얻으면 녹아내리기 시작해요. 그리고 마지막에는, 즉 이 세상의 생명이 끝나는 때에는 모두 녹아 있죠.

고이데 유빙이 모두 녹아서 바다가 되어 버리는 거군요. 그렇게 부처가 되는 것이고요.

오미네 맞아요. 그겁니다.

나를 버린 곳에서
일어나는 변화

오미네 담란 스님[10]도 자주 그런 비유를 했습니다.

고이데 정토진종 칠고승 제3조인 담란 스님 말씀이시군요.

오미네 담란은 실로 다이내믹한 사상을 전개한 사람입니다. '무생의 생(無生の生)'이란 말 아세요? 그것도 재밌어요.

고이데 무생의 생이라고요?

오미네 극락에서 태어날 때는 어머니의 태내에서 "으앙~" 하고 태어나는 게 아닙니다. 태생이라면 언젠가 반드시 죽지 않으면 안 되죠.

고이데 그럼 결국 또 한정적인 삶을 살게 되는 거니까요.

오미네 극락에는 그런 의미로 사용하는 '태어난다'라는 표현이 없어요. 인간이 일반적으로 말하는 태어난다는 의미가 아닌 '왕생'이 있죠. 더 이상 죽을 일이 없으니까, 그것을 '무생의 생'이라고 하는 겁니다.

고이데 말 그대로 영원한 생명이 그곳에는 있다는 뜻이군요. 재미있네요.

오미네 담란은 원래 번뇌로 똘똘 뭉친 사람이었나 봐요. 처음에 그는 영원한 생명을 얻을 비법을 전수받기 위해 신선이 있는 곳으로 갔습니다. '불교를 연구하려면 뭐니 뭐니 해도 장수해야 한다'라는 생각으로 실제로 중국 강남 지방까지 갔다고 하더군요. 그곳에서 도홍경(陶弘景, 유·불·도에 능했던 중국 남조의 학자이자 도가 – 역주)이라는 사람을 스승으로 모시고 선술을 익혔고 경문을 적은 두루마리까지 받았습니다. 그 후 화북으로 돌아오는 도중에 허난성 북서쪽에 있는 낙양이라는 도시에서 보리류지(菩提流支)라는 스님을 만나 이런 말을 듣습니다. "오래 살기 위한 길을 찾는 건 재미없다. 이《관무량수경(觀無量壽經)》(정토 신앙의 기본 경전 중 하나–역주)에는 죽지 않는 생명에 관해 적혀 있다." 그 자리에서 담란은 경전을 읽고서 선경을 불태워 버렸고 두 번 다시 집어 들 일이 없었습니다. 본격적으로 정토교에 귀의한 것이죠. 51세 즈음이었다고 하더군요.

고이데 죽지 않는 생명을 얻기 전에 이 세상의 목숨, 즉 언젠가 죽을 목숨을 가능한 한 늘리려고 작정하고 도전하셨네요. 생각만 한 것이 아니라 정말로 실행에 옮겼다니, 놀라운 용기네요.

오미네 정말 오래 살고 싶었나 봅니다. 그러니까 번뇌가 보리로 바뀐다는 다이내믹한 생명의 사상을 갖고 있었던 거겠죠. 보통은 번뇌를 끊어 버리고 보리를 얻는 길을 선택하잖아요.

고이데 보통 상식으로는 그렇죠.

오미네 그런데 생명 세계에는 일반적인 논리 따위가 통하지 않습니다. 생명은 변화한다는 거죠. 완전히 뒤바꾸는 겁니다. 번뇌를 품은 채 보리한다는 거니까요. 담란도 자기 자신을 버린 사람입니다. 자아를 버린 곳에 구원이 있다는 생명의 논리를 설명한 책이 《왕생론주(往生論註)》[11]입니다.

고이데 자아를 완전히 버린 곳에 번뇌를 그대로 두고 문제 삼지 않게 되는 경지가 있다니, 그야말로 진정한 구원이겠네요. 인간이라면 번뇌를 절대로 떨쳐 버릴 수 없잖아요. 그때그때 상황에 따라 정말 얼마든지 생겨나니까요. 번뇌를 지워 버리는 건 불가능해요.

오미네 번뇌에 관한 문제를 방관하는 한 아무리 좋은 말을 갖다 붙여도 안 됩니다. 진리가 아니니까요. 그 문제를 정면으로 직시해야 해요.

아직 태어나기 전의 세계

고이데 방금 담란의 '무생의 생'이라는 말을 들었는데요. 반케이 선사도 불생(不生)이라는 표현을 썼잖아요. 이 역시 죽지도 살지도 않는 삶, 즉 진정한 생명에 관해 말하지 않나요?

오미네 맞아요. 그 말도 죽지 않는 생명에 관해 말하고 있어요. 태어난 후의 내가 아니라 태어나기 전의 나에 관한 얘기죠.

고이데 태어나기 전의 나라고요?

오미네 태어난 후의 나로부터 이야기를 시작하니까 죽음이 두려

300

운 겁니다. 태어난 이상 모두 죽으니까요. 그러나 나의 진정한 근원은 생이 아니라 아직 태어나기 전의 세계입니다. 태어나기 전에는 죽음이라는 게 없죠. 태어나지도 않았는데 죽을 리가 없잖아요. 태어나기 전의 세계는 이미 사라져 버렸다고 다들 생각하지만, 그렇지 않습니다. 나는 도대체 어디에서 이 세상으로 온 것일까요? 불생이라는 곳에서 왔겠죠. 불생이 없었다면 생은 없지 않을까요.

고이데 그렇군요. 태어나기 전이 없다면 생 자체가 존재할 리 없군요.

오미네 생은 불생에서 온 것입니다. 불생 이전의 어디에서 왔을까요. 어디에서도 오지 않았어요. 생은 생에서 온 것이 아니라 불생에서 온 것입니다. "오랜 생명의 역사가 이어져 내려오고 있습니다"라는 식의 말은 일종의 속임수입니다. 그런 것은 특별한 분위기나 공상을 말할 뿐입니다. 사상을 말하지는 않아요. 사상적으로 말한다면, 태어나기 전의 이야기를 하지 않으면 안 됩니다. 반케이 스님이 말하는 태어나기 전이란 사라져 버린 세계가 아닙니다. 현재를 늘 존재하게 하는 진리의 근원입니다. 우리는 그곳에서 온 겁니다. 그러니 죽을 일이 없죠. 이 평안한 세계를 반케이 스님은 불생의 불심이라고 한 겁니다.

고이데　나는 죽지 않는다. 태어나지도 않고 죽지도 않는 생명을 살고 있다……. 지금 여기에서 틀림없이 진정한 생명을 살고 있는 거군요.

과거와 현재는
이어져 있다

고이데　지금 말씀하신 세계는 보통의 시간 개념이 통용되는 곳은 아니겠어요. 과거도 현재도 아마 미래도 건너뛰지 않지만, 틀림없이 지금 이곳에 있다는 것은…….

오미네　그에 관해서 이케다 아키코 씨가 재미난 말을 적어 놨어요. 예를 들면 허블 망원경이 포착한 100억 년 전 우주 모습을 현재 사진집으로 볼 수 있잖아요. 그건 어떤 의미일까요?

고이데　아…….

오미네　100억 년 전 별에서 출발한 광선이 오랜 세월을 지나 지금

302

도착하고 있다고 과학은 설명합니다. 그러면 그 광선은 내가 태어나기 전에 출발했다는 뜻이잖아요. 나는 고사하고 지구나 인류가 탄생하기 전에 출발한 광선을 지금 내가 보고 있는 겁니다. 그 경우에 광선은 망원경이 보고 있는 것일까요? 아니죠. 망원경이라는 과학기술의 도구를 사용해 내 눈이 보고 있는 거죠. 다시 말해 내가 보고 있는 겁니다. 그렇다면 내 눈은 정말 신비롭지 않은가요? 지금 여기에서 내가 아직 존재하지도 않던 과거를 보고 있는 거니까요.

고이데 정말이네요.

오미네 100억 년 전 아직 인류가 존재하지 않았던 시기의 별을 지금 내 눈이 보고 있다니, 이 얼마나 신기한 현상인가요. 그렇죠?

고이데 100억 년 전에도 틀림없이 지금과······.

오미네 네. 지금과 이어져 있어요.

고이데 정말 아무런 경계도 없이 지금 이곳에 있는 거네요.

오미네 그렇게 생각하면 이케다 씨는 엄청난 글을 남긴 거예요. 다른 사람은 생각지도 못한 일이에요. 저는 그 문장에서 교훈을 얻었습니다.

고이데 말할 수 없이 감동적이네요.

> 자기 일로 받아들이지 않으면
> 구원도 뭣도 없다

고이데 마지막으로 구원에 관해 조금 더 질문드리고 싶습니다.

오미네 그러세요.

고이데 아까 원래 부처였던 것이 얼어서 범부가 되었다고 말씀하셨는데요. 우리는 모두 원래 부처였다고요. 그건 틀림없다고요. 하지만 그것을 자각하지 않으면, 자신이 얼어 있다는 것을 깨닫지 못하면 결국 구원받지 못하는 거잖아요?

오미네 못 받죠.

고이데 궁극적으로는 모두 부처라고 말할 수 있지만⋯⋯.

오미네 거기까지 말해도 소용없어요. 구원받지 못해요. 중국의 선도 스님[12]은 이런 말을 했어요. 구원받지 못하는 범부라는 절망적인 자각이 없으면 구원도 없다고요. 이 자각을 '기의 심신(機の深心)'이라고 하는데요. 그것이 없으면 모든 것이 아미타 부처님한테 구원받는다는 '법의 심신(法の深心)'이 생기지 않는다고 해요. 죽으면 부처가 된다고 말로만 떠벌리는 것과 같아요. 어떤 말을 해도 의미가 없죠. 모두 부처다, 죽으면 다 부처가 된다. 이렇게 말하면 듣는 사람이 '그래 맞아' 하고 맞장구를 치긴 하겠지만요(웃음). 구원도 뭣도 없어요.

고이데 직접 이해해야 하는 거네요. 얼어붙었던 내가 녹지 않으면 구원에 이르지 못하는 것이고요. 녹지 않는 한 먼 데 있는 존재를 숭상할 수밖에 없고, 옛날이야기가 되어 버리는⋯⋯.

오미네 그렇죠. 자신이 그것을 듣지 못하면 쓸모없어요.

고이데 자기 일로 받아들이지 않으면 무의미하군요.

오미네아키라

오미네   자기 일처럼, '정말 나는 구원받지 못하겠구나. 쓸데없는 범부 같으니'라고 알았을 때가 바로 구원에 이른다는 것을 알았을 때죠.

고이데   지금 이야기 역시 평범한 논리로는 절대로 이해하지 못할 거예요.

오미네   평범한 형식 논리로는 몰라요. 그 부분에 관해서는 니시다 키타로 선생님이 '역대응'이라고 말했어요. 부처와 인간은 대응하지 못한다는 뜻이죠. 정면으로는 맞서지도 만나지도 못하는 관계라고요.

고이데   맞서지도 만나지도 못하는군요.

오미네   인간이 도망가니까요. 그러니 부처가 획 돌아서는 거죠. 신란은 아미타 부처님에 의한 중생의 '섭취불사(攝取不捨)' 작용을 '도망가는 것을 쫓아가 따른다'라는 식으로 설명했어요. 중생은 부처를 향하지 않고 늘 부처에게서 도망치며 다닙니다. 우리는 부처가 따라잡아 붙잡는 존재고요.

고이데 우리는 따라잡히는 쪽이네요.

오미네 우리가 부처에게 다가갈 수는 없습니다. 무조건 달아납니다. 그런데 부처가 놓치지 않겠다며 따라잡아 붙잡는 거죠. 그게 역대응이라는 관계입니다. 악인정기(惡人正機)[13]라는 말도 같은 맥락입니다.

고이데 절대로 벗어나지 못하겠네요. 놓치지 않으려고 부처가 일부러 와 주시니까요.

오미네 지금 이런 이야기를 할 수 있는 것도 붙잡혔다는 증거예요. 스스로 '과연 그렇구나' 하고 깨닫지는 못하죠. 부처가 붙잡아야 비로소 아는 것입니다.

고이데 스님은 완전히 붙잡힌 사람으로서 이야기하고 계시네요. 저서에서도 '어쩐 일인지 입이 움직여 이런 이야기가 나온다' 하고 말씀하셨던데요.

오미네 저는 요즘 법회 중에 시계를 보면서도 보지 않을 때가 있습니다(웃음). 이야기하다 보면 자기의식이 없어지는지도 모르겠

오미네아키라

307

어요.

고이데　'나'라는 게 그때는 이미 사라져 버리는 거겠죠.

오미네　그때는 사라져 있는 거죠. 또다시 자취를 드러내겠지만, 그 순간에는 대화 속에 빠져들어 있겠죠.

고이데　인연으로 발생하는 일들이 그대로 흘러가도록 이야기하신 다는 거군요.

오미네　그런 일이 종종 있습니다. 젊은 시절에는 없었던 일이죠. 여든을 넘기고부터 이건 내 의지로 하는 게 아니라는 생각이 들어 요. 개인이 의식해서 떠들고 있는 게 아니라 부처가 그렇게 말하 라고 지령을 내리는 것 같아요.

고이데　그렇군요.

오미네　인생 종말의 진실에 관해 말하도록 임무를 부여받은 게 틀 림없어요. 거짓말을 할 수 있는 일을 시키셔도 좋을 텐데 말입니 다. 역시 아미타 부처님이 하는 일이구나 하는 걸 요즘 느낍니다.

신기하죠. 그래서 설법할 때 아무런 준비가 필요 없어요. 종이 한 장도 펼치지 않고 몇 시간이건 이야기할 수 있습니다.

고이데   스님 말씀은 파도가 아니라 대해(大海)에서 온 것이라는 생각이 들어요. 인연이 닿는 대로 입이 움직여 소리가 되는 것처럼요.

오미네   늘 그럴 수는 없겠죠. 하지만 들어 주는 사람들이 '오미네 스님 이야기는 알아듣기 쉽다'라고 말해 줍니다.

고이데   스님 말씀에는 진정성이 담겨 있으니까요. 가식 없이.

오미네   알고 보면 어려운 내용을 말하고 있긴 한데 말입니다. 상식적으로는 이해하기 힘든 이야기를 '듣기 쉽다', '지루하지 않다'라고 말하면서 들어 주니 감사하죠.

고이데   이미 스님이 말씀하시는 게 아닌 거죠. 그대로 부처의 목소리인 거죠.

오미네   그래서 제가 자주 말합니다. 인간이 설법을 하고 있다고 생각하면 불교를 듣고 있는 게 아니라고요. 개인으로서 인간이 말하고 있다고 하면, 감동해도 극락에는 못 간다고요(웃음).

고이데 어떡해요. 저는 오늘 스님 말씀에 취해 깊이 감동하고 있는데…….

오미네 제 말은 제가 만든 게 아닙니다. 아무리 재미있고 개성적인 표현이라고 들었어도 별 도움 못 받아요. 인간은 보편적인 말로 구원받거든요.

고이데 요 몇 시간 동안 스님 목소리를 통해 보편적인 말, 즉 부처의 말씀을 들었습니다. 아직도 더 들을 수 있을 것 같고 듣고 싶은, 귀중하고 경이로운 말씀들뿐이었어요. 평생 보물이 될 것 같아요. 오늘 정말 감사합니다.

01 스즈키 다이세쓰(鈴木大拙, 1870-1966). 선에 관한 서적을 영어로 저술하고 일본 선문화를 해외에 널리 알린 인물.

02 니시타니 케이지(西谷啓治, 1900-1990). 종교학자. 교토대학교 명예교수. 문화공로자. 교토학파 4대천왕 중 한 명.

03 이케다 아키코(池田晶子, 1960-2007). 철학자이자 문필가. 저서로 《열네 살 너에게-인생이 즐거워지는 철학 이야기》 등이 있다.

04 와카마쓰 에이스케(若松英輔). 비평가. 전 〈삼다문학〉 편집장. 2007년 제14회 삼다문학 신인상 평론부문 당선. 2016년 제2회 니시와키준사부로상 수상.

05 잇코잇키(一向一揆). 무로마치 시대 말기에 정토진종 문도의 승려와 신자들이 지배 계급에 대항해 궐기한 무장봉기.

06 폴 틸리히(Paul Tillich, 1886-1965). 독일 출신의 개신교 신학자. 조직 신학 및 종교 사회주의 사상으로 유명하다. 널리 철학이나 사상, 미술사에도 영향을 미쳤다.

07 칼 바르트(Karl Barth, 1886-1968). 스위스 신학자. 변증법 신학이나 위기신학, 혹은 신정통주의라 불리는 사상을 전개했고 20세기 기독교 신학에 커다란 영향을 미쳤다.

08 니시다 키타로(西田幾多郎, 1870~1945). 철학자. 전 교토대학교 교수 및 명예교수. 교토학파 창설자. 그의 철학체계는 니시다철학이라 불리며 나중에 사상가들에게 지대한 영향을 미쳤다.

09 아사하라 사이치(浅原才市, 1850-1932). 정토진종 묘호인(妙好人, 지극한 신앙인) 중 한 사람. 이와미의 사이치라 불린다. '구치아이(口あい)'라 칭송되는 신심을 읊은 시를 여러 편 남겼다.

10 담란(曇鸞, 476?-542). 중국 남북조시대의 스님으로 중국 정토교를 열었다. 정토진종에서는 칠고승의 제3조라 하여 담란대사, 담란선승이라고 높여 부른다.

11 인도의 스님이자 불교 사상가인 바수반두(Vasubandhu, 世親)가 지은 《왕생론》에 담란이 주해를 붙인 책.

12 선도(善導, 613-681). 중국 정토교 스님. 칭명염불을 중심으로 한 정토사상을 확립했다. 정토진종에서는 칠고승의 제5조로 선도대사, 선도선승이라 불린다.

13 악인을 구제하는 것이야말로 아미타 부처님의 진정한 목적이라는 뜻의 사자성어.

깨달음이란 도대체 뭘까요?

어떤 의미에서는 겁도 없이 돌직구 질문을 던지며 시작된 이 파란만장한 탐구 여행. 줄곧 동경하던 명승·고승들과 대화를 끝낸 지금, 저는 이런 느낌이 듭니다.

깨달음이란…… 그 뒤에 이어지는 단어는, 아마도 없다.

연막을 치는 게 아닙니다. 도망치는 것도, 포기한 것도 아닙니다. 단지 그저 순수하고 단순하게, 모든 힘을 빼고 생각합니다. '알았다! 이거구나!' 하고 생각한 순간 날아가 버렸을, 말로는 절대로 붙잡을 수 없는 전체의 다이너미즘. 그것을 굳이 단어로 표현하면 '깨달음'이라는 세 글자가 아닌가 싶습니다.

만일 그렇다면 깨달음에 관해 모르는 게 당연합니다. 무엇이든 하나라도 알았다면 단 하나, '이것뿐이었구나'라는 생각입니다. 하지만 신기하게도 그 무지에는 불쾌함 따위가 없습니다. 오히려 그 무지가 놀라우리만치 맑고 청명한 기분을 내게 줍니다.

스님들이 보여 준 것은 깨달음에 관한 답이 아니라 무지와 사이좋게 지내는 비결, 인생을 똑바로 그리고 천천히 걷는 길들이었습니다. 하나하나의 인연이 둘도 없이 소중하고 감사했습니다. 날마다 커다란 깨달음을 얻었고 그때마다 완전히 새롭게 태어나는 것 같았습니다. 실로 즐겁고 행복한 여정이었습니다. 마지막으로 한 분씩 감사의 말을 남기고 싶네요.

첫 바통을 흔쾌히 받아 주시고 명랑한 분위기를 이끌며 패러다임 전환의 미래를 선명하게 제시해 주신 후지타 잇쇼 스님, 감사합니다. 앞으로도 불교 학교나 워크숍 등 다양한 장소에서 만나 뵙겠습니다. 잇쇼 스님은 제 생의 스승입니다. 지도 편달 부탁드립니다.

시적이고 섬세한 말씀을 가슴 깊이 새기면서 듣고 있던 저를 본질의 본질까지 접근하도록 스윽 밀어주셨던 요코타 난레이 스님, 감사합니다. 새하얀 빛을 발하는 스님의 말씀과 모습을 보며 앞으로도 많이 배우겠습니다.

현재에 머무는 것에 대한 어려움과 최종적으로는 확실히 존재하는 평안을 부드럽고 냉철한 태도로 보여 주신 고이케 류노스케 스님, 감사합니다. 수행하는 기분으로 대화하는 낯선 경험이었지만, 그만큼 성장하는 계기였습니다.

진흙으로 뒤덮인 부처라는 표현으로 포괄적인 의미로서의

사랑을 일깨워 주셨던 호리사와 소몬 스님, 감사합니다. 나이와 지위를 초월해 '내 벗이여' 하고 불러 주는 스님의 인자하고 따스한 마음에서 진정한 부처의 모습을 보았습니다.

종교라는 스토리의 구조를 넓은 시각과 학식으로 유머 넘치게 가르쳐 주신 샤쿠 텟슈 스님, 감사합니다. 스님 말씀은 제 안의 깨달음에 대한 환상을 뿌리째 날려 줄 정도로 인상적이었습니다. 스님과의 인연에 깊이 감사하고 있습니다.

진실에 반응하며 살아가는 길에 관해 진솔한 말씀을 전해 주신 오미네 아키라 스님, 감사합니다. 진정한 생명에 대해 오랜 세월 몸소 정면으로 마주해 온 인간으로서의 스님 말씀을 저는 오롯이 극락에서 보낸 선물이라 여겼습니다.

그리고 〈열려라! 깨달음이여!〉라는 무모한 기획의 연재를 받아 주고 마음껏 펜을 휘두를 수 있도록 밀어주신 히간지(彼岸寺) 편집부의 직원 여러분, 감사합니다. 걱정만 잔뜩 안겼으리라 짐작하지만(미안합니다), 여러분이 따뜻한 눈으로 지켜봐 주신 덕분에 이렇게 한 권의 책이 탄생할 수 있었습니다. 히간지와의 인연은 제게 보물입니다.

〈Temple〉이나 제 개인적인 활동을 응원해 주시는 분들께도 이 자리를 빌려 깊은 감사를 드립니다. 여러분의 존재에 날마다 많은 격려와 에너지를 얻습니다. 정말 감사합니다. 그리고 늘

나가며

저를 지켜 주는 동료와 가족에게 마음속 가장 깊은 곳으로부터 감사의 말을 보냅니다.

KADOKAWA 출판사의 요시다 미쓰히로 편집자님, 제게 영광스러운 기회를 주셔서 정말 감사합니다.

여행은 앞으로도 이어집니다.
어딘가에서 다시 만날 날을 기대합니다.

2016년 가을, 고이데 요코

스님이
일깨워준 것은

인생을 똑바로,
그리고
유유히 걸어가는
길이었다.

깨달음이
뭐라고

2020년 7월 30일 초판 1쇄 발행

지은이 고이데 요코(小出遥子) • 옮긴이 정현옥
발행인 박상근(至弘) • 편집인 류지호 • 상무이사 양동민 • 편집이사 김선경
책임편집 양민호 • 편집 이상근, 김재호, 김소영 • 디자인 쿠담디자인
제작 김명환 • 마케팅 김대현, 정승채, 이선호 • 관리 윤정안
펴낸 곳 불광출판사 (03150) 서울시 종로구 우정국로 45-13, 3층
     대표전화 02) 420-3200 편집부 02) 420-3300 팩시밀리 02) 420-3400
     출판등록 제300-2009-130호(1979. 10. 10.)

ISBN 978-89-7479-835-2 (03220)

값 16,800원

이 도서의 국립중앙도서관 출판예정도서목록(CIP)은
서지정보유통지원시스템 홈페이지(http://seoji.nl.go.kr)와
국가자료종합목록 구축시스템(http://kolis-net.nl.go.kr)에서 이용하실 수 있습니다.
(CIP제어번호: CIP2020030229)